张鸣 / 著

张鸣说历史

大国的虚与实

群言出版社

QUNYAN PRESS

·北京·

序　言

中国是个大国，这没问题。从地图上看，除了俄罗斯和加拿大，就属我们的版图辽阔了。虽然 960 万平方千米的国土面积，现在还有些不完整，比如我们算在内的某些地方，还不在我们控制之内。但面积第三，肯定差不多少。至于人口，当然更没的说，我们第一，据说印度可以超过我们，但现在还没有。当然，我们的历史还很悠久，自称是世界上文明古国中，唯一一个没有中断的文明的国家。

可是，地大物博，人口众多，历史悠久这三项，似乎并不总是让国人有大国的感觉。在近代历史上，世界上很少有人把我们当大国。1919 年巴黎和会，战胜国按大小强弱出席会议。第一等的国家可以有 5 个代表，第二等的国家可以有 3 个代表，第三等的国家可以有 2 个代表。当初中国人想都没有想，觉得自己是大国，就派了 5 个代表去开会。结果到了巴黎才知道，我们被排在第三等级，只有两个代表的名额。

当然，当年的屈辱似乎过去了，现在没有人不认为中国是个大国，近些年中国经济的发展，国力的强盛导致了西方的某种恐慌，甚至产生了意见分歧，一派认为中国构成了威胁，一派则说今后的世界将是中国的天下。忽悠中国人的文章、书籍出了不少，我们自己也在宣扬"中国模式"。但是，一个很不争气的事实是，尽管人家说中国是个大国，但持有中国护照的人依然得不到尊重。我们的护照没有几个国家给我们免签的，出国签证审查总是严而又严。去趟欧洲旅行，签证的时候，居然要 10 万元的存款保证，而且还被要求把房产证带上。

有人老是喜欢提一位著名老外的名言，不能输出价值观的国家不是大国。其实，能否输出价值观还不是最要紧的事，事实上我觉得，这个世界也没有多少国家输出了价值观。可是单看我们这些在国外的国民，我们国民的形象，人家就没法当我们是个大国。中国的文明，说没有中断，也许只是在纸上，在社会的层面、人的层面其实早就断了。我们旧的文明丢了，新的文明还没有确立。更可怕的是，还不知道想不想确立。

还好，当初就没有太多的人拿小脚、大烟和辫子当国粹，所以，当今之世，也不能拿丑陋当宝贝。身在一个大国，不跟世界接轨便罢，若要接轨，还是得反思一下自己。

目录

权谋下的王朝

监督与分肥 / 002

高处的拥挤 / 005

神不迷人官自迷 / 007

风月与官场 / 010

文甘草的故事 / 013

民意何如官意 / 016

狱吏之贵 / 019

一出掉包戏的台前幕后 / 022

给西太后讲立宪 / 025

永乐皇帝的功德箱 / 029

铁面法官手里的"冤案"及其他 / 033

左宗棠晚年的"骂人事业" / 036

借口的故事 / 038

两个糊涂丞相的故事 / 040

小人不可得罪 / 043

自己被自己忽悠了 / 046

民国里的五光十色

两只老虎跑得快 / 050

两个人日记里的"五四" / 053

五光十色说民国 / 058

辛亥革命前后，摇晃的中国 / 062

关于辫子与革命的零碎故事 / 069

沿下降线行进的民国政府 / 076

双枪兵与双枪将 / 083

对毒与赌的另一种期待 / 086

张氏父子头上的光环 / 088

世纪末的看客 / 094

高人指点 / 097

瞄准射击 / 099

历史在大学转了一个圈 / 102

顾和尚和他的法术 / 105

辫帅的人缘和地缘 / 107

当代国民性的疼痛

责任心、职业道德和骨气 / 112

中国台湾的"大埔事件" / 115

群体性乖戾的传统 / 118

中国最牛的县太爷 / 121

烧狗事件的核心问题 / 123

令人麻木的悲剧的幕后叙事 / 125

一个普通贫困者的特殊悲剧 / 128

从富二代的衰相到富二代培训的乱局 / 131

国人养生狂迷 / 133

"逼裸"的荒唐 / 135

速成病及其经济 / 137

"大"字病及其他 / 140

正常社会的不正常话题 / 143

只图自己方便的管理者 / 146

围墙故事的续篇 / 148

富不出三代的魔咒 / 151

银子堆出来的白象——中华文化城 / 154

农民工也要安居 / 156

燃放鞭炮的民主和人道问题 / 158

嗜血儿童的制造者 / 160

黑窑的存在与揭黑记者的命运 / 163

戏台上的百姓

上海外教激起众怒的背后 / 168

洋人的膝盖 / 171

人有权不受监视地生活 / 174

"国"字及其滥觞 / 176

拳民不是秘密的秘密 / 179

美国人的"中国戏" / 186

混事的本事 / 189

荣誉和面子的闲话 / 192

离谱的假古董和没有文化的游客 / 195

从公厕的修建到大粪主义 / 197

正在肆虐着的两种恶俗 / 200

选举与美女经济 / 203

无法分级的《色戒》 / 206

土洋并举的克己复礼 / 208

历史可以当饭吃吗? / 210

红色"桃花源"的解读 / 212

真祖宗和真真老王麻子剪刀之争 / 216

狗血淋头的文人

逼上梁山的《苏报》 / 220

文人打手的故事 / 222

吴稚晖的两次"冤" / 224

狗血淋头的文人们 / 227

以吃为价值取向的民族 / 229

不识字的好处 / 232

梁启超和胡适的"医疗事件" / 235

马屁也不易 / 238

中国式的死撑现象 / 241

章太炎的政治疯病 / 244

权谋下的王朝

人混到政界的高层之后，就发现不好玩了，苏东坡发出了『高处不胜寒』的感喟。历来，有才华自负清高、不谙官场三昧者，才会有这种半是牢骚、半是感慨的感喟。

监督与分肥

一有官员贪污腐化，总结经验教训，总免不了要说监督不力。怎么才算有力呢？我们现在政府有监察部门，有审计部门，有反贪局，党还有纪律检查部门，据说还要效法香港，成立廉政公署，世界上有哪个国家有我们这么多专门的监督部门呢？没有，那为什么偏是我们监督不力？

有人说了，各个地方政府里的监督机构跟被监督的对象属于同一个级别，同级之间监督的有效性自然不高。于是改进，纪检委级别提高，好像效果也不大。又有人认为监督部门跟地方党政负责部门有统属关系，于是改进，监督部门尽量独立，由中央直线领导。但是，如果监督机构也出问题怎么办？那就再派监督监督者。现在，听说已经开始实行中央向地方派巡视员制度，此举能否有效遏制腐败？从历史的经验上看，短期效果应该有，但想要根本改善，也难。

做古代历史研究的，大多认为明代的政治昏乱，但是从制度层面讲，明代的监督机制偏偏最发达。历朝都有的监察机构自然少不了，只是不叫御史台而叫都察院，辖十三道御史，原来专门的谏官给事中此时也演变成分布在六部的监察官，从给皇帝提意见，转变为给京官挑错，除此而外，各省还派有专门定期驻省监察的巡按，后来再加派巡抚、总督。政府体系之外，皇帝还要派自己身边的人到各地监察，有矿监、税监，最重要的是监军，正因为如此，被阉割过的宦官到了明代被尊成为太监。这还不算那些直属于皇帝、权力无边、但却近似于特务组织的锦衣卫和东厂、西厂。

巡按是最早下派的监督人员，官位不高，不过跟一般的御史一个级别，七品官而已。跟四处走走的十三道御史不同，巡按盯在一个地方，不可能什么都看不出来，因此，早期的巡按还真能查出点事来。但是，恰好也是因为定期驻在一个地方，很容易被地方官们包围软化。按规矩，监察官位卑而权重，可以跟省级的三司长官相分庭抗礼，三司见了巡按，只能客客气气的。客气归客气，礼貌归礼貌，但巡按没有具体的行政权，按规矩办事，实惠捞不到。人都是要吃饭的，官员也是人，当官还是要图吃好饭，明朝的官俸又低得可怜，大家只有自己想办法。巡按虽然只有七品但也是官，有跟所有官一样的想法。巡按没有行政权力，但却有跟行使行政权的人挑刺的权力，于是大家心照不宣，监察变成了分肥。这下好了，巡按不仅地位跟省级官员平起平坐，连实惠也平起平坐，朝廷要的监督自然也就不了了之。

　　巡按不中用，有人找原因说是官位不高，于是派下来六部堂官一级（类似部长和副部长）的人挂上都察院的副职，下来做巡抚、总督。原来七品芝麻官派下来都可以跟省级官员平起平坐，派来部长副部长跟省级三司官阶相当，更了不得，直接就把个三司变成自己的下属，以至于后来人们不认为巡抚和总督是中央派出官员，径直把他们当成了省长。

　　最受皇帝信任的太监，虽说身体关键零件少了，但贪心一点都不少，只要被派下去，就无师自通地把监督化为分肥的契机，打着皇帝的名义，为自己捞足了好处。明代宦官机构二十四监，权力最大的是司礼监，因为那里的太监可以替皇帝批奏折，最实惠的却是御马监。御马监里的太监官阶都跟当年的孙猴子差不多（估计当年吴承恩写这个情节，有讽刺太监之意），但权势可不小，不仅掌握着调兵遣将的令牌兵符，而且可以向外派监军。军队多了监军，长官无所谓，但是小兵倒霉，因为又多了一个喝兵血的。时人写道："监视之设，止多一扣饷之人。监视之欲满，则督抚镇道皆有所恃矣。故边臣反乐于有监视，功易饰，败易掩也。上（指皇帝）性多疑，有监视，又有监视监视者，多一人有一人之费，穷边士卒，何不幸一至于此。"

（杨士聪《玉堂荟记》）

　　只要官员是只对上负责的，无论监督怎样绵密都无济于事，监督变成分肥绝对是官员的理性选择。只有让官员不仅只是对上负责，而且对下负责，让社会来参与监督，保障舆论监督自由，监督机构才会真正有效。19世纪中叶，美国工业化时期也一度出现过官商勾结、权钱交易盛行的局面，但是由于有社会的监督，有舆论的揭弊，民间掀起扫黑风暴，很快就扭转了局面。

高处的拥挤

人混到政界的高层之后，就发现不好玩了，苏东坡发出了"高处不胜寒"的感喟。历来，有才华自负清高、不谙官场三昧者，才会有这种半是牢骚、半是感慨的感喟。可惜，有这种感喟的人毕竟少了点，现实生活中，大多数人还是喜欢往高处爬。而奇怪的是，社会也似乎趋向于给某些爬的人提供制度上的便利。于是，在历史上的很多阶段里，理应作为金字塔上端的高处的人很多，拥挤不堪。

魏晋南北朝时期选官，实行九品中正制，上等三品，中等三品，下等三品。最后选来选去只看门第，不计其余，结果是上品无寒门，下品无士族，这是大家都知道的事。不过，士族高门之间也有个高低之分，因此里面还有故事。按说第一品是专门留给皇族的，等于虚设，高门贵族的高下，只好在第二和第三两品上加以分别。开始的时候还好，时间一长，大家都往第二品上挤，挤着挤着，把关的人受不了了，一放水，结果有点儿像样的门阀就都成了"灼然二品"。最高的地方站了太多的人，挤成一团，原本区别高下的九品中正制形同虚设。

士品如此，官爵也如此。无论什么朝代，开始的时候总是正态分布，大官少，小官多，封侯拜爵者更少。时间一长，大家想着法子往高处挤，黑道、黄道、猫洞、狗洞，最后就是"关内侯，烂羊头"，一大群人披红戴花，清朝末年就是满街红顶子、黄马褂、双眼花翎。不过还好，过去人们追逐高位，更多的是像《红楼梦》里的贾蓉那样，图个丧礼上的面子上好看。朝廷也不大会为这些膨胀出来的高官厚禄安排更多的实缺，不至于在各级政府机构里设置成群的官职，顶多一个缺换人换得勤一点。

眼下的中国，也处在个大家往高处挤的时代，不过我们超越古人的地方是我们官职的虚衔和实缺都在膨胀，一个县四大班子，十几个县首长，每高一级，官员数成倍增长。至于首长以下的官，无论虚的实的，大概早就"烂羊头"了。

官场如此，学坛也差不多。20世纪80年代，本科生的学士学位已经很可观了，出来一个硕士研究生，大家看着像凤凰似的。然而没几年工夫，硕士、博士就跟变戏法似的冒出来了，研究生教育以火箭的速度赶超世界先进水平。到今天，我们这个才恢复招考研究生不足30年的国度，硕士和博士的总量已经居世界最前列了。学校有收的积极性，有资格招的拼命招，一个导师带一个排也得招；没有资格的，争取资格也要招。学生有考的积极性，大家一窝蜂往上挤，挖门盗洞，考研辅导成了一大产业。一直到博士满街走，硕士不如狗，至死不悔。学生如此，教师也如此，看看今天各个高校，有些学校甚至是倒金字塔状态，教授多于副教授，副教授多于讲师。人往高处走，水往低处流，人们有往高处挤的欲望不是过错，错就错在制度总是像受不了挤压的闸门，不时地开闸放水，不，放人，害得高处十分拥挤。

官位和官缺，一直就是上级赏给那些进入官场的人们的一种酬劳。当然，进入官场的人们得用某种方式才能得到这种酬劳，不是干得好，就是拍得好。虽说有赏也有罚，但时间一长，赏的总比罚的多，奖品自然要增加，否则连自己的面子也不过去。就这样，制度的阀门只好打开了，开开合合，归总下来，官自然是越来越多。学校里的职称当然也跟官位类似，教师也是人嘛。至于学位的泛滥又有不同，求的一方大体依旧，但给的一方却有变化。大学一方面图的是面子，能招博士意味着学校上档次，博士点越多，档次越高；一方面图的是利益，博士点多了，其他的好处也就来了，什么纵向、横向的课题自然就多，再说，还可以从在职、委培生身上捞到银子。

什么东西多了就不值钱，高处本来就地方小，能站的人少，非要挤很多人，不仅导致大家一起贬值，而且还会使制度产生很大的麻烦。

神不迷人官自迷

有调查说，现在大约有一半以上的政府官员迷信。就人们的视线所及，出名的佛寺、道观，出入其间，大把布施的不是老板就是官员，有点名气的卦师和风水先生那里，常来常往的，也是官员居多。时常见到这样的场景，也不知哪里来的肉头和尚，打着名号都是下山的活佛，周围晃动的，依旧不是老板就是官员。

做官的人，有点儿迷信，一点都不奇怪，特别是环境不确定，机遇也不确定的时候。人有了点儿本钱，有了点儿地位，却发现前程完全不可预期，说是"朝为座上客，夕为阶下囚"也许有点儿夸张，但对自己前程感到不确定却是真的。不确定，就想确定，办法有二，一是求神，二是问卦。

原本，求神和问卦是一回事的两个方面，前者是求神护佑，后者为求神指点迷津。前者要上供，靠贿赂，供品（牺牲）从大活人到整猪整羊整牛，后者则需要一点技术手段，殷商时候烧甲骨，后来玩蓍草、算筹，现代社会则还有西方的玩意儿，扑克牌、塔罗牌，再加上水晶球。问卦需要技术，大约是从巫术演化来的，所以，最早打卦的人，都是巫师。文化不发达的时候，巫师地位很高，属于精神贵族，由打卦打出文字符号，神秘得紧，别的人谁也弄不明白，所以没有人敢惹他们。再后来，从巫里分化出史来，符号逐渐在贵族中普及，神秘渐次消淡，巫的地位下降。到了儒家出来的时候，孔子居然敬鬼神而远之了。后来的历代王朝，尊崇儒术，只要在正常年景，大家虽然卦也问，神还求，但毕竟人文世俗色彩变成社会的主基调，坚持僧道无缘的原儒家教旨主义者固然不多，但读书人中，很多都是"祭如在"的机会主义者。他们只在运气不好的时候，急来抱佛脚，得意之时，就全忘了。这个时候，打卦看相的人，只好沦落为跟走街卖艺者为伍。清末民初，是西学东渐并西俗东渐的时候，西方的科学，夹带着西方的神一起，扫荡了中国的迷信，神佛一时间自身难保，很多佛寺道观，稀里哗啦就被拆了，不拆的，也大批地被占用，变成学校。

可是不久，这些破除迷信的勇士们，在自己为官为宦之后，思想居然又变了，被破除掉的迷信踱着方步又回来了。当年一干拆庙打菩萨的新式军人，不知怎么一来，又跟和尚道士加算卦看相当术士混在了一起，连密宗喇嘛教，也下了山，忙着给军阀政客们做升官道场。蒋介石在视察湖南军阀唐生智部队时，马失前蹄，术士说，老蒋注定要栽在唐的手里，后来唐生智跟蒋介石火并，一败涂地。广东南天王陈济棠相信术士扶箕，机不可失，发动反蒋，最后自家的飞机先飞走，投奔老蒋。四川的刘湘，让一个江湖术士做前敌总指挥，让军队按卦象行动，走到陡壁悬崖，再走，就等于全体自杀。

这样的故事，不想在现今，又有了续篇。也不知从哪里冒出来的打卦看相看风水的，不仅自家财运亨通，而且居然可以干预社会，让某条路改道，让某座桥出现，让某幢大楼有某种特定的模样。至于是否能让某些官员用哪些人，不用哪些人，做哪些事，不做哪些事，自然小菜一碟。

只是，从前迷信的人，包括官员，往往相信因果报应，这种最流行的佛家理论通俗版，不仅被道教接受，而且在大众中很有市场，通俗地说，就是做好事有好报，做坏事有恶报，此时不报，也许报在子孙。这种说法，固然不能挡住人们作恶，但至少让他们有所顾忌，做了坏事，多少要想点儿辙来弥补，从某种意义上说，这是传统的迷信对社会的一种正面回报。可是，现在的官员迷信，却并不信因果报应，在他们看来，只要贿赂了神佛（大笔施舍），买通了术士，按照术士说的去操作，就自然吉人天相，一路顺风，哪怕作恶多端，哪怕天良丧尽，好像神佛也必然会保护他们。他们一方面相信世界上有超自然的神秘力量，一方面又很自然地把这种力量想象成跟他们一样的俗人，只要贿赂到位，就会投桃报李，用无边的法力，为他们保驾护航。从这个意义上讲，从前的神秘世界还是有道德意义的，而现在官员和宗教加术士眼里的神秘世界，已经成了藏污纳垢的所在。

风月与官场

大家都知道，清朝尊崇理学，以朱熹为宗。这一点跟制度一样，也是清承明制，不过，从白山黑水那地方下来的满人，学什么都很较真。明人尊崇理学，除了朱元璋这代还马马虎虎当回事儿，后来的皇帝，根本就不在意。理学仅仅成了科举考试的标准答案，考罢便成为束之高阁的高头讲章。在现实生活中，从皇帝到官员，大抵一体放纵。皇帝后宫，动辄万人，最荒唐者如武宗，还在宫外设置豹房，私自外出猎艳。上行下效，官员们自然加倍演绎声色生涯，狎妓纵酒，放浪形骸，无所不为。理学也因此进化为心学，最后则成了随心所欲之学，《金瓶梅》和《肉蒲团》这样的货色，刚好可以成为心学的另类经典。天理从人心深处被开掘出来，跟人欲搅得难分彼此。

可是，清朝不是这样。首先皇帝后宫的人数大为减少；另外，行房时还要有许多规矩。在故宫那种幽暗仄窄的地方，稍微胆子野一点儿的皇帝，都不乐意在宫里居住。而坚守工作岗位的皇帝则后嗣不昌，到了宫外的园子被洋鬼子烧掉，没处可去放肆，连着几个皇帝，干脆一个后代也生不出来了。

皇帝带头自我约束，虽说有限度，比起老百姓，还是色福齐天，但跟前朝比，已经算存天理灭人欲了。当然官员们也跟着倒霉，最大也最不得人心的一条禁令，就是不许官员嫖妓。历朝历代，朝廷差不多都有官妓，设置专门机构——教坊司管理，一方面为朝廷创收，一方面优待官员——官员嫖妓优先。然而，清朝皇帝把朱熹老儿的话当真，不仅取消教坊，而且不许官员嫖妓，反差未免过大。可过大是过大，没有人敢表示不满。一来人家原本就是征服者，手里的家伙不吃素；二来理论堂堂正正，合乎经典，想驳，嘴都张不开，所以大家只好忍着、顺从，暗地里骂理学为伪道学出气。更有那热衷拍马屁的假道学，居然顺着皇帝来，变本加厉，连唱戏的女旦也给禁了，让各级领导干部的性生活淡出鸟来（索然无味之意，来自《水浒传》里各好汉所用的当时朝代所用的常用语），只好跟自家的妻妾用功（已经有研究证明，在那个时代，官宦家的妻妾，在性技巧方面，很是不行），各自带头，为康乾盛世的人口激增，作了不少贡献。

在这种理学风尚弥漫的时候，好多事都跟前朝相反，娱乐生活尤其如此。那时代的北京，尽管算是世界数一数二的大都市，但是娼业却很不发达，每令在京做官的南方士人频发牢骚。那年月娼业发达的地方，都是今天看起来不起眼的小地方，比如大同，比如陕州（今三门峡市），而且都在商道上为商家服务的。因此传说中清朝中期的名妓，说来说去，只是三寸金莲比较标准，其他的如弹唱风情，一概阙如。北京的京官们，万般无奈，百无聊赖，居然独辟蹊径，琢磨出另外一条道来——逛相公堂子，也就是说跟唱戏的男艺人，尤其是男旦交往。说到这儿，我们的性学家肯定很兴奋，说这是男同性恋。其实不对，那些跟男艺人腻乎的京官们，绝大多数性取向跟我们常人一样，那些相貌佼好的男旦，不过是昔日名妓的替代品而已，用鲁迅的话来说，他们看到的是扮女人。

然而，到了清朝末年，西学东渐，传统的意识形态被动摇，理学的禁令，再也禁不住官员的力比多（libido）冲动，于是渐渐地京师娼业开始复兴，苏州的清吟小班，迤逦北上，八大胡同繁荣"娼"盛。官员们"谈助无非中发白，闲来只是逛胡同"，吃花酒蔚成风气，在胡同里流连忘返。连状元娘子赛金花，原本在上海重操旧业，但也很快被吸引到北京石头胡同。到了八国联军打来，官员四散逃命的时候，被逼无奈跟鬼子鬼混一通。后来居然被回城的官员捧为用身体救了北京城的大英雄，到了民国，则升为九天护国娘娘。

　　进入民国，大家咸与共和，对西方制度的追求，以迅猛的速度落实在性生活上，于是官员们重要的公务都挪到八大胡同来办了。当时北京人传说，喜欢逛胡同的，有两院一堂，两院是国会的众议院和参议院，一堂是指京师大学堂，即今天北京大学的前身。这里多少有点调侃的意思，其实逛胡同最多、最有实力的逛的，还是官员，尤其是各部的高级官员，还有带兵的丘八（旧社会对兵痞的贬称）。冯玉祥在后来的回忆中说，他去找政府总长（部长）办事，也被拉到胡同里，一进门两个妓女扑上来，一个大腿上坐一个，一上来就揪胡子，打嘴巴（当然很轻）。

　　当然，在转型中的中国，这种事，一点儿都不奇怪，不管真实的西方是怎样的，但是只要一学西方，对于某部分人来讲，首先落到实处的，就是日常生活上性的放纵。现在，中国又处在新的转型中，禁令松弛，犯禁者众多，犯禁的官员，十有八九，都栽在女人身上。不过，时代毕竟进步了，这些人比起前辈来，后辈进步的地方是学会了双管齐下，一边泡小姐，一边包二奶，家花野花一齐开放。不过，凡是这种貌似的西风东渐，官员还是别带头的好，这种带头，对于国家和百姓，乃至自家的身体，都不太好。

文甘草的故事

在帝制的中国，明清两朝，士大夫能够众进士而且点翰林是科举途上最荣耀的事情。一般做了翰林之后，仕途最顺，不仅可以有机会外放考官，收若干门生，而且升迁特快，用不了多少年就可以位列卿相。不过，清末却有两位翰林公参加推翻帝制革命，一位是蔡元培，另一位是谭延闿。今天要讲的，就是这位谭延闿。谭延闿本是贵胄公子，父亲谭钟麟本是清末的地方大员，不过面目相当保守，戊戌变法时任两广总督，不仅抵触革新，而且连前任兴办的水师鱼雷学堂也给裁撤了。谭延闿是谭钟麟晚年得的儿子，虽然以今天的眼光看来似乎不利于优生，但这个老来子却非常聪明，书读得好，是光绪三十年会试的第一名，即会元。湖南名士王闿运闻之大喜，说是破了湖南的天荒（谭延闿是湖南人，湖南清季二百年没人中过会元）。

在中国近代历史上，老子和儿子唱反调的事特多，老子保守，儿子往往就激进，越是有出息的儿子就越有激进的可能。中进士入翰林之后，谭钟麟死了，回家守制的谭延闿很快就跟鼓吹改革的立宪派搅在了一起，高票当选湖南咨议局议长。接下来发生了辛亥革命，"山大王"焦达峰做了湖南都督，没多长时间就被刺杀，谭延闿被推上都督的椅子，从此落入"革命阵营"，二次革命反袁（世凯），国民党阵营的四个省督独立，也有他一份。此后在湘督位置上几番上下，率领残余湘军跟随孙中山东奔西走，参加北伐，时而省长，时而督军，时而总司令，时而军长，最后做到国民党政府的行政院院长。谭延闿在国民党内人缘极好，因他是文官，人称文甘草。中药配伍各有禁忌，唯有甘草跟什么药都能配合一起用。凡被人叫作甘草的人，往往有特别好的脾气，谭延闿为人之随和，是出了名的。湘督三易上下，每次都安之若素，走之从容，做官时下属进门不用报告，有座便坐，有烟自取享用，而谭延闿不论什么时候，都和颜悦色，了无怒容。即使被当面羞辱，则装作不闻，即使被部下卖阵，差点做了俘虏，也不过是苦笑着摇摇头而已，所以，他的第二个外号叫谭婆婆。谭延闿人有名气，字也写得好（要是开门卖的话，完全可以卖个好价），一直做着大官，按道理字不太好求，但湖南各地饭铺酒店到处都有他的墨宝，随便一个马弁副官都可以替人求字，谭搭纸费墨没有二话，也许有些是秘书长之类的代劳，但都得到他的首肯，肯将名义假借的。大革命时期，国共时有摩擦，左派右派，壁垒分明，但是唯有谭延闿，左派大他站在左边，右派大他站在右边，两边的攻击炮火，都擦不到他的边。反过来说，这种人的用处也不大，做到行政院长也不过是国民党内各个实力派都能接受的作为缓冲用的沙袋，一个军人政权的点缀。

谭延闿登上政治舞台的时候，赶上了一个武人当家的时代，遍地烽火，到处打仗。"左也是东洋刀，右也是东洋刀"（袁世凯语），帮会、土匪、教门也各逞威风，有枪就是草头王，枪多气粗，各以实力说话。谭延闿一介贵胄公子，不幸又是读书种子，中过会元，点过翰林，虽然据说在第一次做都督的时候曾经在武人面前露过一小手——可以双手使枪，而且枪法极准，但依然没有武人拿他当自己人，因为他不是士官系（日本士官学校毕业），也不是保定系（保定军校毕业）。而他自己也没有亲自下部队带兵打仗，实现从文人到武将的转变，所以尽管他当过的官尽是些"武职"，督军、司令、军长之类，但始终成不了一个带兵官。顶着那么多貌似军阀的头衔，却从来掌不了实权，实际上却是秀才遇见兵，不仅有理讲不清，而且很容易被人架空，甚至赶走。在那个时代，文人混在武人堆里，做幕僚也好，做"长官"也罢，往往带有很大危险性，弄不好就会被上下左右的野心家们给牺牲掉。可是由于谭延闿的好脾气，左右圆通，这种危险对他来说却似乎不存在。

下面的武夫可以架空他，出卖他，驱逐他，但却没有人敢冒湖南乡里舆论的大不韪杀掉他。至于上面和左右的武人，由于他的圆通、对人不够成威胁，也会安全得多。从某种意义上说，谭延闿是近代的冯道，苟安于乱世，靠的就是心平气和，处世圆通。据说，谭五十岁那年，有人做祝词曰："茶陵谭氏，五十其年，喝绍兴酒，打太极拳，写几笔严嵩之字，做一生冯道之官，立德立功，两无闻焉。"谭氏闻后，不仅没有生气，反而连称奇才。说实在的，这祝词虽然刻薄了一点，但对于谭确实再贴切不过了。

谭延闿的时代，是中国现代的转型时期，可是，转型转成了文官沦为骄兵悍将的摆设，只有像冯道一样，心平气和、唾面自干，才能文运长久，无论如何都是一种悲哀。

民意何如官意

在中国，再霸道的皇帝说起来也是要在乎民意的。因为中国的皇帝跟日本的天皇不一样，不能躲在幕后假装自己是神的后代，对前台的政治纷争不闻不问，维持千年不改姓换代，万世一系。中国的皇帝诞生之初，原也打算传之万世来着，可是任谁也传不了那么久，短的二世而亡，长的也不过十几代，天下就改了姓氏。改姓换代的原因多半是民意闹的，载舟之水沸腾起来，把船搞翻了。因此，皇帝都要关心一点儿民意，不仅有御史下去打听着，而且有的朝代还设有专门的机构负责采风，说是收集民歌民谣，随便着也采一点儿"群众意见"上来。

可惜，皇帝距离老百姓太远，想要从皇宫里出来一次，动静太大，微服私行当小说讲讲解闷行，真的操作起来，难如上青天。我们的电视剧导演，经常把他们所喜爱的好皇帝，说成跟老百姓心连心。其实，即使真有这样模范皇帝、雷锋皇帝，老百姓也特想亲近一下他们，也如当今追星粉丝们的狂热，两下也互相够不着。

事实上，皇帝基本上是碰不到民意的，眼见、手摸、鼻子闻到的，无非是官意。这一点，在用人上表现得最为明显。

说起来，用人当官，尤其是当大官，除了某些时候大权旁落，被女主、宦官、外戚或者权臣反客为主当了家的，理所应当是皇帝说了算，乾纲独断。一般来说，依皇帝的性格不同往往呈现出两种面目：一种是不大容易受外界的影响，皇帝自己说了算，说谁行，就是行，不行也行；一种比较容易受外界影响的，也就是说，要征询大一点的官员的意见，然后再做决定。其实，所谓不受外界影响的皇帝，也会受周围人的影响，只是这种影响不那么直截了当而已。说白了，皇帝用人决策的信息来源只能是官意。

来自《晏子春秋》的一个故事很有意思。说是齐景公用晏子做东阿的地方官，三年之后，齐景公将晏子召来数落一顿，他说，我原以为你有本事，才让你治理东阿，结果你治得乱七八糟。你赶快反省，否则我要处罚于你。晏子说，这样吧，臣恳请改道行之，再给臣三年机会，如果主公还不能满意，可以杀了我。不想，第二年晏子回国都汇报，齐景公非常高兴，亲自前来迎接，连说好哇好哇，你干得好。晏子说，其实，我前三年治理东阿，一秉大公，贿赂不行，贫民得以救济，境内没有人挨饿，然而主公却要治我的罪。而今年我反其道而行之，贿赂公行，重加赋税，杀贫济富，打点上下左右，尤其重点贿赂君王的身边人，境内饥民过半，但是主公您却夸我。

小人不可得罪，有权者身边的小人尤其不可得罪，这是跟"为政不得罪巨室"一样的做官铁律。反过来，不得罪就意味着要讨好，不是两不相涉、互不侵犯。因为如果你不讨好，别人讨好，你的不讨好就变成了得罪。这就是为什么无论哪个朝代，无论皇帝贤与不肖，皇帝身边的人，无论男的女的甚至包括没了关键零件的宦官，大家都要拍他们的马屁，至少得给面子的缘故。

退一万步说，即使皇帝周围的人，不是史书上说的那样，都是势利小人，为官者在多数情况下想要升上去，而且升得快点，有一个条件还是得具备，那就是人缘，不，官缘得好。为官时，不仅要打点好皇帝周围的人，而且上下左右都得八面玲珑，弄个清爽。官缘好，首先脾气得好，个性是不能要的，脾气得收起来。想要干点事，又不大惹人怨恨，就得有唐朝娄师德唾面自干的好性子，或者吾日三省吾身，像林则徐那样，在卧室里挂上"制怒"条幅，时刻提醒自己。如果不能，那就什么也别干，一味模棱，多磕头少说话，口中不臧否人物。历史证明，虽然史书上不多见这类人的事迹（实在没什么好说的），但这类人，一般来说升得快，上去的多，越是高层，越是堆积这样的有人缘的高手。

　　古往今来，靠官意，命里注定选不出好官、能官、贤德之官。芸芸众官里，即使有个把明白人，也架不住大伙都喜欢油光水滑的琉璃蛋，或者老实巴交的窝囊蛋。真正为民做主的好官，民意倒是不错，可惜，民意何如官意，为民难免得罪官，得罪了官，上下左右官缘不佳，多半免不了被淘汰。拖到最后的最后，民意只好在造反中表达，待到上达天听的时候，什么都晚了，大家一起，没死的话，推倒重来。

狱吏之贵

秦以严刑峻法治天下，尽人皆知。但是，怎么个严苛法，却不太清楚，因为秦朝的历史短，档案文书又被项羽一把火烧了个干净，小吏出身的萧何，也只是将田亩账册收了起来。所以，后世人们说秦朝之事，只能含含糊糊，稍一使劲，就说到汉朝了。

汉承秦制，对秦朝的严刑峻法，大体上照搬。当年作为亭长的刘邦，县吏的萧何，虽然地位卑微，毕竟属于法律的执行者，切实操练过，被管的时候，固然难受，但是管人之际，也相当威风，相当过瘾。当了家之后，昔日的印象还在，"杀人者死，伤人及盗抵罪"这种粗疏宽松的约法三章，当然不足以显帝王之尊，帝王之威，过帝王之瘾。在叔孙通的主持下，秦礼复活了，在萧何的主持下，秦法也在汉律中复活了。文景之治，推崇黄老，苛法稍懈，但武帝则又勒紧法纲，说是独尊儒术，不过是挂羊头卖狗肉，直到汉元帝时，儒术才真的在法律中起作用，所以西汉的盛时，盛行的依旧为秦法。

法苛则酷吏多，酷吏多则狱吏牛气，没有狱吏的配合，酷吏的威力就要减去一多半。西汉监狱多，仅京城之内，据清末法学家沈家本考证，有案可考的就有26所，名目相当多，犯了哪条，该进哪里，谁也不清楚，托人运动都麻烦。那个年月，按秦法的精神，王公贵族，皇亲国戚，达官贵人，犯了法，或者被人认为犯了法，都得进监狱。原本地位卑微的狱吏，由于时常可以看管这些贵人，自我感觉，无形中被抬高了，难免不威风八面。朱正回忆，说他被打成右派劳教的时候，管教队长碰到熟人就会把他们中级别最高的人找来无缘无故地训一顿，然后说，看，别看是厅级干部，现在归我管！古今狱吏，心有灵犀焉。

牛气的狱吏，对待犯人，肯定要加以折辱，打骂事小，侮辱人事大，那个时候，人，尤其是贵人，对脸皮很在意。折辱起来，一来威风，二来过瘾，三来可以索贿，要想少受点儿磨难，拿钱来。管你是谁，进了这里，就归我管，铁公鸡也得拔毛。绛侯周勃，吕后死后，对安刘定汉立过大功。刘邦认为，他死后，安刘氏者必勃也。这种人，一旦被怀疑有谋反之嫌，照样进监狱，照样受狱吏的折磨。他出狱后，感慨道："吾尝将百万军，然安知狱吏之贵乎？"周勃脾气好，抗折腾，而且见机早，给狱吏塞了钱，不仅免了磨难，而且得以平安出狱。但有些人则死在狱中，周勃的儿子周亚夫，哀帝时的丞相王嘉，都在监狱里绝食而死，周亚夫还吐了血。有些血性汉子为了免受折辱，干脆在入狱之前，一死了之。比如李广，出征时因迷路而失期，不肯"复对刀笔之吏"，引刀自刎。李广的从弟李蔡，也因得罪而自杀，不肯"对狱"。虽然可能熬过磨难，出狱再起，但由于受不了狱吏的折辱，这些人宁愿一死。

狱吏折辱这些高官，难道不怕这些人一旦复出，转过来报复吗？看来他们不怕。以法治官，以法治民，是当时的"国策"，皇帝喜欢，各级官员也喜欢，个别人就是想报复，在技术上也行不通。京城的监狱，都是诏狱，具体管辖的人，直接对皇帝负责，复出后的高官，官再高，也是铁路警察，管不到这一段。地方的监狱，能管到的，一般都不关押官员，个别关了的，官员出来后也未必会报复。有一个故事很耐人寻味，说是景帝时梁国内史韩安国坐法抵罪，被关进梁国属县蒙县的监狱，狱吏田甲按规矩折辱他。韩安国说，死灰就不能复燃了吗？田甲道：如果复燃，就用尿浇。不久，韩安国果然官复原职，田甲闻风逃走。韩安国对田甲的族人说，如果田甲不来自首，我灭你们的宗族。田甲不得已，前来肉袒谢罪，韩安国开了一通尿溺的玩笑之后，却善遇之，认为田甲可以帮助他治理梁国。

看来，狱吏之恶，原本就属于苛法的一部分，国家通过狱吏对人犯的折磨，强化人们对法的恐惧，哪怕是达官贵人，也需要这种恐惧。就算你负屈含冤，宁可让人犯受尽折磨，瘐死在监狱里，也不会稍微改善一点儿监狱的待遇。对于那个时代的司法制度而言，疑犯从有是威慑，监狱的磨难是惩罚，两者都是让人恐惧的法宝。过去的法治，就是刑治，有写在面上的刑，从原来的割鼻子剁腿、五马分尸、剁成肉酱，到打板子、抽荆条、流放、杀头。还有隐在下面的"刑"，就是狱吏私下来的，据说也是五花八门，《水浒传》上讲的杀威棒、吃黄鱼、焖干饭之类，都是。自汉以后，统治无非儒表法里，法家的阴影，从来就没有从司法中离去，尽管德政喊得山响，为政者操练起来还是想方设法让人恐惧，确立国家在所有人心目中的威严。所以，尽管有些朝代，比如明清死刑判决尺度很严，非皇帝点头不行，但在监狱里瘐死者，却超过判死刑者不知多少倍，从这个意义上说，狱吏之贵，在某种意义上是国家之贵。

一出掉包戏的台前幕后

晚清的官场多事，最富戏剧性的要数杨翠喜案。杨翠喜本是天津的名伶，色艺俱佳，很受津门闲人的喜爱，可是突然有一天，美人从艺坛消失了。不久，地球人都知道了，原来佳人已属沙陀利，被当时权势最大的庆亲王奕劻之子——官拜农工商部尚书的贝子载振藏之金屋。

当然，美人杨翠喜不是自己花落贝子府的。那是日俄战争之后，载振奉命到东三省视察，路过天津，北洋大臣袁世凯设宴招待，席间杨翠喜献艺，载振一见之下，不觉忘情，手为之舞，足为之蹈。后来的事情就很简单了，杨翠喜进了载贝子的卧室，她成了某人送给贝子的礼物，随同大活人进献的据说还有十万雪花银。送礼的就是出自袁世凯门下，现任道台的段芝贵。不久，段芝贵一跃，由一个"地级干部"变成了署理黑龙江巡抚，跻身地方大员的行列。这样的破格提拔，据说在清朝还没有先例。

此时，晚清的吏治早已坏得一塌糊涂，即使如圣眷隆隆的岑春煊要想整顿，也只能铩羽而归，所以庆王父子才敢如此大胆妄为，让买官者破格得售。不过，吏治虽坏，朝廷反腐败的旗帜却并不倒，只是在反腐的背后总是有权力斗争的影子。庆亲王奕劻虽然势大权重，但他也有政敌，政敌就是朝中的军机大臣瞿鸿禨和地方大员岑春煊。在李鸿章之后的政坛上，瞿、岑的联盟虽然在和奕劻与袁世凯联盟的斗争中总是处于下风，但却并没有被彻底打垮，时不时地总要出来弄点事恶心一下对手。

地球人都知道的杨翠喜事件，给了瞿、岑一个看起来绝佳的机会，于是，瞿鸿禨的门生，现任御史的赵启霖跳出来奏了一本，把事给抖落了出来。事既然给捅出来了，彻查的官样文章是必须做的，一个以醇亲王载沣和孙家鼐为首的"调查组"组成了。在调查组还没有动身之前，袁世凯命令手下干员杨以德马上将杨翠喜从贝子府转移，让盐商出身的商务局总办王竹林顶杠，充作杨翠喜的丈夫，并亲口教好了两人如何答对。总之，待到调查组进入现场，作案人早已移花接木，把张冠扣在李姓的脑袋上了。

醇王爷和孙家鼐也不是糊涂人，他们带人来了以后，睁着眼睛装糊涂，孙家鼐问了问王竹林和杨翠喜，录了原本是杨以德操办的口供，然后就回京复命，一场大案烟消云散，御史赵春霖丢了官，载贝子也自请辞职，国家又回到了安定团结的大好局面。显然，瞿鸿禨和岑春煊不出面，谁肯卖力查呢？也许，他们看出来了，西太后根本也没有下决心，奕劻和他宝贝儿子还都在位置上，袁世凯更是大权在握，事件根本没有波及他。按袁世凯的说法，案件大事化了是因为奕劻平时人缘好，为人厚道，所以大家肯帮忙。

清朝自所谓的同光中兴以来，官场有种相当怪的现象，凡是有用、能干的官员大抵声誉不佳，曾国藩之后这种现象愈演愈烈。

到了袁世凯的时代，朝中最有用的能臣袁世凯居然跟最为贪黩的奕劻结成最牢固的联盟，靠收买奕劻实现他的政治抱负。这个奕劻，被英国《泰晤士报》著名的记者莫里循称为中国声名最恶劣的人物。杨翠喜案，段芝贵买官，袁世凯参与与否于史无证，不好说，但从后来的弥合掉包来看，他未必就不知情，况且，段芝贵得官也合乎他一贯的扩张势力的初衷。

客观地说，袁世凯在晚清的变局之中，于改革事业没少做贡献，清末新政的每项事业几乎都有他的份额，从行政、警政改革，到预备立宪。在推行改革的同时，他个人的势力也迅速膨胀，形成了唯他马首是从的庞大的北洋系，这一切都离不开庆亲王奕劻的大力配合。而奕劻作为皇室宗亲，居然全不顾自家祖宗的江山社稷，甚至在辛亥年，袁世凯逼清帝退位他也配合。那副嘴脸，连当时还是个孩子的溥仪都记忆犹新，等到奕劻死的时候，家属求谥号，这个关起门来的小皇帝居然要赐个"丑"字给他。

都说树倒猢狲散，其实树还没倒，猢狲就已经散了，身没散，心散了。即便根正苗红的自家人也未必靠得住，大家早就利用眼前的权势铺好了退路。

给西太后讲立宪

清末新政，立宪是最响、也最持久的呼声，后世把当年推动改革的人，称为立宪派。其实，在当时，朝野上下，像点儿样的官绅和绅商差不多都是立宪派，更不消说那些留洋回来的、新学堂出来的学生仔了。

光绪二十七年初（1901），西太后和光绪尚在避难地西安，新政就揭开了序幕，第一项改革就是把总理各国事务衙门改成外务部。这是迫于洋人的压力，经过义和团围使馆这么一闹，洋人不再容忍中国人当阿Q，明明一个外交部门，偏要宣称"总理各国事务"，好像把洋人家里的事都管了似的，于是中国终于有了一个跟西方接轨的政府部门。其后拖拖拉拉，几年动静不大，无非是改改官制，抄一抄当年戊戌维新的旧稿。但是这一抄，抄得康有为、梁启超及其门徒很兴奋，立马高调鼓吹立宪，民间舆论，也跟着热闹，依托租界的报纸差不多都在跟着办在境外的《新民丛报》的调子走。走在改革前列的人们，已经不满足于改改官制，出台几项奖励办学和工商的政策了，他们要求制度要有一个根本上的变动，正经八百地跟西方接轨。

到了1904年，俄国人和日本人在中国的东北打了一仗，这仗日本赢了，赢得很体面。在我们的教科书上，这是中国的耻辱，说人民都很愤怒，但是在当时，很多下层中国人，比如马贼张作霖和冯麟阁之流，在给日本人做密探。当然也有一些人在给俄国人做，其中某些倒霉的，被抓住了砍头，还被拍成了新闻片，不巧让在日本留学的鲁迅看到，沮丧的他弃医从文，这已经是后话了。我要强调的是，当时另一部分生活比较优越的中国人，尤其

025

是热衷于改变的中国人其实对日本人战胜很是兴奋。因为此前，凡是持保守观点的人都认为俄国能赢，而持主张变革的人大多认为日本能赢。日本的胜利，在变革派看来，不仅给黄种人争了口气，而且说明，在落后的东方，只要坚持变革，就可以由弱转强，而变革的关键，大家公认是立宪。自然，日本能做到的，中国也能。从前甲午年，日本打败中国已经让国人举国震惊，这次居然连西方强国俄国也打败了，国人这一惊可是非同小可。

这一惊，也惊到了在颐和园纳福的西太后，因为自《日俄和约》签订，宫门之外就不那么清静了。不仅张謇、汤寿潜这样的名绅开始鼓噪立宪，连朝廷的达官贵人也坐不稳椅子，食指大动，思有所为。袁世凯和瞿鸿禨在官场上是政敌，明争暗斗无日或无之，但此时却一致认为，我大清该立宪。甚至连名声一直不大好，却为西太后所倚重的皇家懿亲庆亲王奕劻也附和袁世凯，半吞半吐地说着立宪的好话。地方大员，分量很重的湖广总督张之洞和两江总督周馥，也都对立宪表现出相当的热情。奏请立宪的折子，就这样一个又一个摆在了西太后老佛爷的案头上。

西太后老佛爷自逃难归来，脑子已经变得很开通了，整天地跟一群西洋贵妇（公使夫人）混在一起，看不惯也忍着，还时不时地赏她们一点儿中国的古玩。西方的非物质层面的玩意儿进来，对这老太婆来说，最担心的，一是皇家的位置，二是大局的动荡。立宪究竟会怎样，心里还是没底。这时候，一个人进入了她的视野，此人姓曹名汝霖，日本中央大学法律政治科毕业，回国应留学生考试拿了第二名，得了中西合璧的法科进士头衔。此人后来在"五四运动"中成了著名的亲日派卖国贼，但是在1905年，尚无此恶名，在政府里地位虽然不高，却是屈指可数的几个能干的"知日"专家。

曹汝霖受到了西太后和光绪的召见。召见之前，曹汝霖得到了袁世凯的特别关照，告诉他此次召见老佛爷必定有所垂询，让他留意准备。果然，西太后开门见山，上来就问日本的立宪是怎么回事。什么时候立宪，立宪前都到哪些国家考察过，以西方哪国的宪法作为蓝本，议会的上下两院如何，议员是怎样选举的等。很明显，在召见曹汝霖之前，西太后已经有了一些关于日本议会的知识，她最担心的是立宪开议会之后会出现乱局，因此西太后特别问道，日本国会开会是不是时常会有党派争吵。曹汝霖回答说，是这样的，但是朝议决定之后，各党即团结起来没有争议了。比如日俄战争，开仗前争议很厉害，但后来开御前会议日皇决定宣战，日本国会的两大党即一致主战，团结起来了。听到此，西太后长叹一声说，"唉，咱们中国即坏在不能团结！"显然，曹汝霖的陈述，并没有消除西太后对立宪后出乱子的担心。大概曹汝霖也意识到此，马上对了一句："以臣愚见，若是有了宪法，开了国会，即能团结。"西太后听了很诧异，提高声音问道："怎么着，有了宪法国会即可团结吗？"曹汝霖回答说，团结必须有中心，立了宪，宪法就是国家的立法中心，议员都是人民选出来的精英，是人民的领导中心，内阁总理大臣是国会和皇帝钦命的，属于行政中心，后两个中心都围绕着宪法中心做事，如果两下意见不一致，总理大臣可以被弹劾，总理大臣也可解散议会重选。只要总理大臣选对了人，国会和行政就能和衷共济。听到这里，据曹汝霖回忆，西太后"若有所思，半顷不语"。

曹汝霖的话作用能有多大我们不知道，我们只知道他确实讲了，而且属于比较有分量的一讲。此后，清廷立宪的步伐迈得很快，1905 年 7 月，五大臣出国考察宪政，次年宣布预备立宪，各省的咨议局选出来了，中央的资政院也组成了。1908 年颁布《钦定宪法大纲》，连立宪的时间段都定出来了，预备期为九年，1916 年正式开国会，1910 年又在各方的压力下，将立宪期提前到 1913 年。只是由于西太后死后，新当家的满族亲贵，少不更事，执意要把权力收到自己手里。1911 年 5 月成立皇族内阁，阁员 13 人，满族占 9 人，皇族又占 7 人，冷了多由汉人官僚构成的地方实力派的心，更冷了立宪派绅商的心。革命到来的时候，大家都站着看，好事的还帮着起哄，于是清朝结束了，小皇帝宣统，还没懂事就退到了皇宫里面做富家儿。

稍微懂点近代史的人都知道，清末的满族亲贵，多数都属于保守派。

就世界范围而言，那时的西方各国的代议制由于没有实现普选，基本上处于精英权力分享的层面。当时清朝的立宪，由于取法日本，更是保守，无非是在保留最多的皇家特权的基础上，把权力适度地面向官绅、绅商分享，尤其和实力强劲的汉人精英分享。显然，当初决定预备立宪的西太后是知道这个道理的，可惜她的不肖子孙却不明白。结果，皇族内阁以及朝廷一系列收回地方权力的举措，使得包括立宪派在内的所有官绅和绅商都凉了半截，等于是把立宪最核心的成分掏空，形成了世人所谓的"假立宪"。报应来得很快，几乎在几个月之内，这些头脑冬烘却又自作聪明的纨绔子就丢了祖宗的江山，日后只能坐吃山空，靠典当过日子了。

永乐皇帝的功德箱

很久没有去十三陵了，突然不知怎么来了兴致，想去拜访一下久违了的列位朱家皇帝，于是与妻一道开车进了陵区所在的天寿山。第一站自然是长陵，那个朱元璋桀骜不驯的儿子，以武力夺了侄儿建文帝皇位的朱棣的安宅。十三陵虽说埋葬了明代十三位皇帝，但朱棣一人却占了陵区风光的大半，其他的陵只不过是给主轴线的长陵做陪衬的。多年不见，神道上的石人、石马、石头狮子、石头大象依旧，石牌坊也巍峨依然，进了陵门，里面干干净净，还修了一个连北京都少见的配有休息室的现代化厕所。不过，陵内少了些杂草以后，给人的感觉怎么看怎么像故宫，享殿几与太和殿无二。进了享殿之后，殿内那三十二根金丝楠木的巨柱，撑得大殿感觉上比太和殿还要宽敞气派，看起来朱棣对他死后待的地方要比生前的上心得多。大殿的正中，不知什么时候添了一座很是庞大的朱棣铜像，铜像的脚下有一块不太显眼的牌子，上面写着：成祖文皇帝保佑平安。像的前面，是在所有佛、菩萨、玉皇、关帝、妈祖等面前常常会见到的功德箱，里面盛满了人民币，功德箱的前面是一块很厚的海绵垫子，不时有善男信女们在上面跪下磕头，然后在功德箱里塞上人民币。

把皇帝老儿当菩萨拜，这种事情在中国还不多见，虽然中国有几千年头上顶着皇帝的历史，但是人们冲皇帝（包括皇帝的神位）屈膝下跪，主要是看着他们手中的权力，死了的皇帝就是一个死人，顶多就是一个死了的贵人，照样有人敢去盗他们的墓，把尸体拉出来翻财宝，这一点皇帝自己也清楚，不然的话他们的墓穴就不会那么在乎保密了。中国的皇帝其实命挺苦的，祖祖辈辈神化自己，非说自己是真龙天子，权力还特大，可以封神，凡是经皇帝封过的神灵，香火一般都特盛。可是自己死后就是变不了神，只有两个除外，一个是刘备，多半是托了他结拜二弟关羽的福，有的地方沾光可以在关帝庙里捞点儿香火；一个是唐明皇，唱戏的将他奉为祖师爷，也算是半个神。其他的皇帝，任你是秦皇汉武，唐宗宋祖，统统不过是死皇帝而已。

不过，这只是事情的一面，另一面是皇帝虽然不是神，却有神气，尤其是那些有名做过一些大事，却又没有因此丢了江山的皇帝，他们吃过的有人乐意吃，从满汉全席到通大便的牛黄解毒丸；他们用过的作古董拍卖更值钱，从凑在嘴上的茶碗到凑在屁股上的夜壶。这些"雄才大略"的皇帝的事儿，也特别招人传诵，直到今天，关于皇帝的电视剧依旧一集一集地往下拍。

我没有问过那些给朱棣下跪并塞钱的人们到底为什么这么做，也不想猜测他们头脑中是不是有帝王意识。我意识到，其实我们中国人在现代化的路上走了百多年，好像《国际歌》也正经不正经地唱了几十年，却并没有走出给皇帝尤其是"雄主"下跪的文化阴影，不仅"愚民"和"草民"们的膝盖软，我们的秀才知识分子膝盖尤其软，不仅软，而且还会证明人之所以生出膝盖，就是为了下跪用的。我们的历史学家，包括在给中学和大学生写教科书的时候，一碰到那些雄才大略之主，赞美之词情不自禁地就会冒出来，挡也挡不住。我们的文学家就更来劲，一遍一遍地比着这个世界上最棒的男子汉来写我们的好皇帝，也不知赚了观众们多少眼泪。

长陵的主人朱棣就是这样一位"雄主"，虽然排得比较靠后。跟那些入了秀才们法眼的皇帝一样，朱棣有一些可供炫耀的事功：他重建了北京城，特别是修了座今天算作世界文化遗产的皇宫，同时还有一座供他死后享用的"皇宫"；附庸风雅，找人编了部《永乐大典》；真格好武，将蒙古人赶得离北京远了一点；最露脸的是派身边的大太监郑和带了一支庞大的船队下西洋，开创了当时世界远航史的新纪录，至今中国人提起来还激动不已，尽管当时人家不过是想打探建文帝的下落，生怕他那个倒霉的侄子什么时候东山再起。

不过，这位"雄主"杀人和糟蹋起人来也照样是大手笔，不仅杀人如麻而且表现出超常的嗜血欲。为了一点儿宫闱丑事，居然一次就诛杀宫女2800余，而且亲自监刑，看着将这些无辜的少女一个一个凌迟处死。早在两千年前就被废止的人殉制度在朱家王朝居然能够复活，虽然始作俑者是他那同样"雄才大略"的父亲，但他在执行祖制方面一点儿都不逊色，三十多个他生前喜爱的女子活生生地遵他的指令随他去了长陵的地下，而不知姓名的殉葬者据说不知凡几。在夺了他侄子建文帝的江山社稷之后，凡建文帝的忠臣遭零割而死的就算便宜了，被剥皮楦草者有之，被割掉耳朵鼻子再烧了塞给本人吃的有之，将受刑者的儿子割了塞给本人吃的亦有之。自古株连九族已经到了极限了，但人家朱皇帝居然能夷十族。同样，几乎所有的酷刑都在朱棣眼皮底下进行，看来所有这些地狱里的勾当对他来说都是一种难得的乐趣。最令人发指的是他对建文帝忠臣家属的处置，九族十族的男丁都杀光了，剩下的女眷则被没入教坊，由朱棣亲自派人监管到军营做军妓，每日每人要被20余条汉子糟蹋。监管人凡事直接请示朱棣，而朱棣也为此下了许多具体的诏令，指示要这些可怜人多多"转营"（即遭更多的男人侮辱），凡是不幸怀孕的，生下男孩做"龟子"，女孩则"长到大便是个淫贱材儿"，如果被折磨死了，便"抬去门外，让狗吃了"。

在中国有皇帝的时代，忠义是做人的大节，也是统治性意识形态的基本内容，任何两个或者多个在政治和战场上竞争或者厮杀的对手都不能不提倡忠义。每个竞争的胜利者，即使自身有着充分的正当性，当面对宁死不屈的效忠故主者的时候，如果不能招降他们，至少在杀了他们的同时，也要表示对这种行为的钦敬，以厚葬、抚恤亲族之类的举动以示表彰，尽管可能这样做的时候，一肚皮不乐意，只要你不想沦为草寇，还想成点儿气候。因为礼遇死人是给活人看的，一方面是让自己的部下为自己卖命，一方面则表示对社会公意的尊重，特别是当胜利的一方不那么占理的时候，就更得靠这种假仁假义收买人心。像朱棣这样，恼羞成怒且丧心病狂地夷九族夷十族地虐杀忠臣义士（特别是像方孝儒这种并没有对他造成过什么危害且德高望重的儒者），而且那样对待他们的家属，真是达到了古今罕有的境地。当年，东晋的司马氏在王导对其讲起他祖先对曹魏的种种残暴之举的时候，掩面而哭，说若如是则国祚不永。而我们这个朱家皇帝，所行所为，超过当年的司马昭不知多少倍。

对于这样一个皇帝，仅仅因为他有过那么些似乎很耀眼的事功，就闭上眼睛不看他的残忍和无耻，能不能给他三七开？姑且不论那些事功如何劳民伤财，兀了蜀山，穷了百姓，空了国库，仅仅为了给他采金丝楠木，进山一千人，出来不足五百，再运到北京，相死于道者又不知凡几，就是种种嗜血之举，是人能做出来的吗？

我们的历史是人的历史，世界是人的世界，总要逐渐变得人道才是，这样历史才能进步。人道的尺度理应是历史人物评价的底线，离了这个尺度，仅仅把眼睛盯在所谓的事功上，这样写出来的历史就是一个荒唐的历史。多少年来，虽然我们一直嚷着奴隶们创造历史，但骨子里却依然是根深蒂固的英雄史观，眼睛只能看见大事，至于无辜人命丧失，只看作必要的代价。我的一位朋友说，中国没有宗教，历史学就是宗教，恶人暴君怕的就是青史上留下恶名，如果我们因为暴君的事功就宽宥或者无视他的残忍，甚至为他的所谓事功而歌功颂德，那么我们今后的历史就将有越来越多的残忍。这样的历史观是到了该反省的时候了。如果修了大运河的杨广是一个人所不耻的"炀帝"，那么派人下西洋的朱棣同样应该是"炀帝"。他的子孙将他捧成"成祖文皇帝"，那我们现在人理应清醒一点，干吗非要跟着朱家的子孙屁股后面爬，不仅自己爬，还给朱棣塑像（塑成那么一个巍峨高大且正义凛然的样子），塑像前面放上供人下跪的垫子和上供的功德箱，其实，朱棣就是一个炀帝，谥法云：好内远礼曰炀，贪酷无道曰炀，信夫！

铁面法官手里的"冤案"及其他

张释之是西汉文帝时的廷尉，按今天的算法应该是王朝的首席大法官兼司法部长还兼警察头子。此人在历史上出名，因为他的刚直铁面。皇帝把惊了自己驾的家伙送去他那里治罪，可是廷尉大人居然罚了点钱就给放了。皇帝很生气，说是要不是自己的马好，非摔个嘴啃泥不可，说不定会出大事，可是廷尉大人说是你要是当时一刀杀掉也就杀了，但是送到我这儿来按律就该这样判。

张释之早在做公车令的时候兼带负责宫门守卫，太子和梁王这一对太后眼前的宝贝一起乘车入朝，过司马门不下车。张释之居然追上去给生生拦住，然后上奏弹劾这俩宝贝大不敬，非得皇帝亲自出面请皇太后下诏赦了太子、梁王才算拉倒。

如此严格执法之人也有冤枉人的时候，那是张释之刚出道的时候，在汉文帝身边做谒者仆射时常围绕秦亡汉兴的话题，跟皇帝讲些"卑之，毋甚高论"的浅显道理。一次，陪皇帝去上林苑游玩，皇帝问起上林尉园林里养的飞禽走兽的品种和数量，结果上林尉一问三不知，旁边一个小吏代为所答，滔滔不绝，问什么知道什么。于是皇帝大悦，说："吏不当若是邪？"下令要提拔这个小吏做上林令。张释之却发表意见不同意，说这个小吏，无非是逞口舌之利，不足道。他还举出本朝两位说话不大利索的大臣周勃和张相如的例子，说明能说会道者不应该被称道，尤其不该被奖赏，甚至上纲上线，说秦朝任用刀笔吏，竞相以寻人过失、苛相察究为任，害得政治空言废实，皇帝不知道自己做错了什么，结果二世而亡。最后，汉文帝被说服，小吏提升的机会告吹。

熟悉所掌管的事务，是官吏的本分，职务越是低级，职责越是具体，就越是应该了如指掌。昏昏者理应受到惩罚，反过来，昭昭者即使不给奖赏或者提拔，那么也没有道理蒙上利口善辩的恶名，周勃固然是不善言谈的忠厚长者，但绝不意味着他对自己的职守糊里糊涂，做丞相也许不合格，但是做将军还是称职的。至于秦之所以灭亡，的确跟严刑峻罚、官吏竞相寻过苛察有关，但这跟一个小吏对自己所负责的事务滔滔发言有什么关系？无论如何，张释之在此事上冤枉了人。还好，他仅仅断送了上林小吏的一次升官的机会，并没有害他丢了饭碗乃至性命。

西汉文景之世，距离灭亡的秦朝还不太远，秦朝在任官方面，除了军功和纳粟之外，还有相当多战国的遗风，呈口舌之辩的游士得官者不在少数。这些人当官之后，为政风格多半也是滔滔不绝说个没完，处罚了人还要说得令人口服心服或者痛不欲生。那些饱受秦法荼毒的人们，在动辄获咎的战战兢兢中最感痛楚的很可能就是这种滔滔不绝。至少在张释之的眼里，华而不实的口辩之风要算是汉朝所要接受到秦朝教训之一。也许那个上林小吏在履行职责的时候说得太溜，口才太好，用司马迁的话来说，就是"欲以观其能，口对响应无穷者"，因此触动了张释之那根始终强调秦朝教训的神经，甚至引发了他对于深恶痛绝的苛刻秦法的联想，于是上纲上线，批倒批臭，以他的口辩之才断送了口才太好的上林小吏的前程。

秦政之弊的确在于严刑峻法，而且执行中过于明察苛求，在这一点上，西汉初年实际上并无二致。汉高祖刘邦入关之初宽松粗疏的约法三章，到了得天下之后已经丢到爪哇国去了。朝野实行的，依旧是秦朝的苛法，而且在操作上罚重而奖轻，百般苛求，如冯唐所言，云中太守魏尚战功赫赫，只因上报斩首数目差了六个，就被削爵撤职，在当地罚做苦工。只是在匈奴压境，急需军事人才的情势下，由于冯唐的进言才得以官复原职，传下来一个冯唐"持节云中"的美谈。多少年后，词人兼军人的辛弃疾，还感慨"持节云中，何日遣冯唐"。后来张释之做廷尉之后，一系列抗命之举就是要在实际中改变严刑峻法、明察苛求的作风，从宽仁的方面，修正沿袭下来的秦政之苛。当然，在这方面，最有贡献的还不是官员，而是一个弱女子淳于缇萦，若非她哀婉动人而且入情入理的上书，实行了几百年的断足、膑膝、割鼻子这样残忍的肉刑，一时半会儿是废除不了的。

废除苛法，去掉肉刑，是政治走向人道的开始，这一过程在中国能在两千多年前出现，无论如何都是国人的骄傲。

左宗棠晚年的"骂人事业"

晚清的湖南出人也出学问。大名鼎鼎的"曾胡左李"（作曾国藩、胡林翼、左宗棠、李鸿章）中，有三个是湖南人。而且这些人学问也了不得，曾国藩是理学大师，慎独功夫一流，而左宗棠则擅长帝王学，在晚清政坛上出尽了风头。

帝王之学是佐人成帝王之术，大刀屠龙，权术之中裹着霸气，所以左宗棠一出山就让人受不了，幸亏赶上了长毛闹事的年月，军情紧急，人才难得，也因为碰上了脾气特好而且能耐特小的骆秉章，让他得以展露才华。建功立业之后，虽说此公脾气大、嘴巴臭，还不断地弄点权术要要，成片地得罪人，但老谋深算的西太后和恭亲王奕訢，鉴于督抚专权的现实，出于牵制曾、李等人的考虑，对这个搅屎棍特别地优容，使得他在众人的诋毁声中不断地上升。不仅入相而且进过军机处，要不是枢诸公受不了左宗棠的大话和唠叨，也许他会成为朝中最有权势的中兴名臣。

然而，西征之后的左宗棠虽然一直得到朝廷的优待，始终在肥缺要差上转，却再没干什么值得一提的事业。无论在公堂还是私邸，此老唯一热衷的事情就是骂曾国藩，骂来骂去就是那么几句车轱辘话，无非是说曾国藩假道学、虚伪，可一张嘴就是它。

见武官的时候骂，直骂得众将官耳朵出了茧子，非不得已不去见大帅；见文员的时候骂，直骂得下属禀报事情都没有机会；见外客还是骂，寒暄才毕，骂声旋起，一直骂到日落西山，最后随从不得已强行将茶杯塞进他的手里，高叫送客（清朝官场，例行规矩，主人一端茶杯，即为送客之意，仆人马上叫：送客）才算关上了老人家的话龙头。期间，客人一句话也插不进去，客人来是干什么的、是否有事他一概不管。不仅如此，吃饭的时候要骂，人一入座就开始骂，直到所有的菜都上完了，他老人家还言如泉涌，结果是每个人都没吃好。睡觉之前也要骂，骂声成了他自编的催眠曲，每天都在自己的骂声中进入梦乡。

曾左交恶一直是晚清史上的一段公案，孰是孰非即使在今天也一时难以公断。不过，两人之争无非为了公事，彼此间并不存在什么私怨。就当时公论，一般舆论还是倾向于曾者多，偏于左者少。毕竟，在左宗棠事业的关键处，曾国藩都是支持而非拆台的。显然，于公于私，似乎左宗棠都没有必要跟曾国藩纠缠不清，甚至在曾死后还骂个不休。过去史家论及此处，往往归咎于左宗棠气量窄、脾气坏。其实，左宗棠骂曾国藩，虽然不乏嫉妒之意，因为朝野公论曾在左上，但他自己在内心里也未必会像他嘴上说的那样，认为自己比曾强。晚清另一位大老李鸿章晚年服了气，承认世上真正的大人先生只有他老师（曾国藩）一个。左宗棠相反，不仅没有服气，嘴上还不停地骂，然而这个显然过于反常的"骂人事业"却暴露了他内心的无比焦虑。他心里明白，曾国藩是一座他无法逾越的高山，但一向心高气傲、目无余子的他，断然不可能像李鸿章那样放出软话，于是唯一的出路就只有骂了。

中国从来就不乏能人，只是能人之间总是难以相能。曾、左、李之间，如果不是有个内修功夫好、识大体的曾国藩，晚清的中兴也许未可知。什么时候像左宗棠这样的人学会了妥协、学会了相让，中国人就真的出息了。

借口的故事

政治人物做什么都要有借口，或者说提出个主张什么的、没有借口蛮干的属于什么都不懂的武夫。借口，有的时候属于权力技术，指东打西，指南打北，虚晃一枪，发现的时候血窟窿已经在了。有的时候，借口其实仅仅是为自己的行为开脱，盖上一层纱布，薄薄地遮上点儿就得，因为旁边的人，就是看见了什么也不敢说。

历史最有名借口的故事，发生在唐朝的"名相"娄师德身上。此人在历史上是出了名的好脾气，他在朝中做宰相，兄弟外放地方官，临别送行，劝弟弟千万制怒别惹事。弟弟也知趣，回答说，人家把唾沫啐在我脸上，我也不生气，拿手抹去就是。娄师德说，不行，你拿手抹去，人家啐的人能高兴吗？正确的做法是等着唾沫自己干。就这样，我们的娄大人发明了一个成语——唾面自干，让后辈马屁精们享用不尽。

娄大人对自家兄弟高标准严要求，但处理政务却是个可人，特别通情达理。他所处的是一个女皇帝当政的年月，主子特难伺候。武则天一改李家王朝崇尚道教的传统，死活喜欢上了佛教，不仅大修佛寺，广印释典，最后干脆爱屋及乌，把清俊的小和尚拉进宫来作自己的面首，大家一起快活。快活可是快活，小和尚色戒开了杀戒却还坚持着，不仅自家坚持着，而且鼓动女皇帝在全国禁止屠宰。禁屠令一出，举国哗然，要中国人不杀猪宰羊怎么吃肉？这大概跟要中国人命差不多。不过，哗然归哗然，皇帝的命令还得执行，只是执行过程中，上上下下所行与所说多了些许周折，娄师德下去视察工作也免不了。

宰相出行，尽管听说娄相脾气好，但地方官也不敢怠慢，好酒好菜必须上。宾主坐好，管弦横吹，第一道菜上来了，是烤全羊。厨子出来说明，这个羊不是我们杀的，是豺给咬死的。于是大家放心开吃。过了一会儿，第二道菜上来了，是红烧鱼。厨子又出来说明，这鱼也是豺咬死的。娄师德说，不是吧，应该是水獭咬死的。大家一片欢呼，还是领导高明，于是鱼也下肚了。鱼也好，羊也好，当然都是地方官让厨子准备下的，肯定不会赶那么巧，豺专门赶来咬死了羊，自己不吃留着给娄大人。也不会像娄大人修正那样，水獭专门咬死了鱼献上来凑趣。

借口就是借口，官老爷做事总是需要借口，虽然当事人心知肚明，却一般没有人会如此不识趣，出来说破。不过，凡是借口必须能说得通，因此豺咬杀的鱼必须变成獭咬杀的，因为最后大家要一起骗皇帝，应付检查，不会水的豺突然变成了捕鱼能手，逻辑上说不通，所以必须修正。只是现在的人们再干这种事的时候，早就由秘书和有关人员把借口编圆了，用不着劳动领导的大驾亲自出马。进化论的道理就是好，时代毕竟在进步，当年的借口还只是在跟法令绕弯子上做文章，现在的借口不仅让法律、法令都自己见了鬼，而且往往极其堂皇，极其正大。明明在违法，却好像是严格执法，明明在牟利，却好像是在奉献，明明是在越规，却好像是在禁欲。不明就里的人，如果不被感动得掉眼泪多半是有些麻木。可惜，现在的借口出台得实在是过于频繁了，一个两个又三个，什么把戏演多了观众也就有了审美疲劳，加上回去一算账，往往感觉自己亏了，所以也就不信了。只是，跟当年的借口一样，操作者只要把上级糊弄住了就行，至于做饭烧火和看着吃的人，尽管知道内情，又能怎样呢？就像许许多多的涨价听证会似的，大家都知道听证是假的，假得甚至有点过火，但只要开过了给上面一个交代，然后该干什么干什么，谁又能挡得住？

两个糊涂丞相的故事

中国古代，最扎眼的人物，除了皇帝就是宰相。宰相是百官的头，也是百官的靶子，权大责重，上得伺候老板（皇帝），下需应付政务，有点儿差池，上下不讨好。在历史，只有一手遮天打算篡位的宰相和一手遮天不打算篡位的宰相，才有真正的舒坦日子过。但是，这样的情形实在太少，所以，宰相们都比较操心，越是勇于任事者就越操心。

不操心的宰相也有，多半都出在皇帝过于积极、自己出头做宰相事的时候。不过这个时候不操心的宰相要时刻准备着，一旦皇帝把事办砸了，自己得出来当替罪羊。在历史上，既不操心，也不担心做替罪羊的宰相好像只有两个人，一个是西汉初年的曹参，一个是东晋初年的王导。他们不仅不操心，而且难得糊涂，以糊涂相标榜。

曹参是汉高祖刘邦仅次于萧何的亲信班子成员，萧何死后，他马上让从人为他收拾行李，说是就要让他做丞相了。果然，相国的大帽子落在了他的头上。可是做了丞相之后，曹参却终日饮酒，醉时多醒时少，百事不兴，属员有过，能遮便遮。有人看不惯，想过来提意见，被一并拉去喝酒，喝到大家物我两忘，意见也就没了。最后连皇帝都看不过去，转弯抹角地表示了不满，也让老先生用一套萧规曹随的鬼话蒙将过去，每日依旧沉在醉乡里。

王导是东晋王朝的开国功臣，晋元帝能从王爷变成皇帝，多半亏了王导，登基的时候，皇帝拉他一起坐床（那时候还没有椅子）。此老也是著名的糊涂，人家骂他"聩聩"，自己也很以聩聩自得。酒量如何不知，但下面的官员胡作非为，肯定没事。有次装模作样地派出人出去考察，回来后大家纷纷说下面官员的不好，只有一个人一言不发，最后等大家说完了，他说做宰相的理应网漏吞舟，何必管官员的好坏。王导居然夸这个人说得好，深合其意，害得大家都觉得自己不仅无趣，而且见鬼。

不过，两个宰相的聩聩，结果却不一样。曹参得到的是好评，老百姓编出歌谣来夸，结出了文景之治的果。而王导，不仅老百姓没夸，官员也未必念他的好，东晋政治混乱，国势微弱，当时人骂他聩聩，后来人依旧骂他聩聩。

曹参的时代，承秦末大乱，人口减半，六国贵族豪强已经被秦剪灭殆尽，社会组织也被破坏殆尽，社会只有按自然规律，慢慢恢复元气，国家才有指望。这时对社会恢复最大的敌人不是别的，就是来自政府的权力。因为这个时候，只有政府是社会唯一有组织而且有强力的势力，而且这个势力没有什么东西可以与之抗衡。但是作为政府官吏，恰恰有自身的强烈冲动，出来指手划脚为公也罢，为私也罢，一时间难说清楚。总之从长远看，做就比不做更不好。显然，此时的最高行政长官，能够做的最好事情就是什么都不做，尽量抑制官吏的冲动。这一点，曹参做得很好，当然，当时的老板配合得也好。皇帝身子弱，没主意，又好色，不当家；当家的吕后，只关心自己和自己家族的地位，别的都马马虎虎可以将就。汉初尊崇黄老，据说曹参做丞相前，请教了本地的儒生，结果言人人殊，即没有一个人说的合他的意，只有盖公的清静无为才真正打动了他。当然，也只有这个主意，才真合乎时代的需要。后来很得史家称道的文景之治，恰是曹参开的头。事实证明，合乎时代需要的作为，最难的恰是不作为，因为古今中外的政府官吏，别的好说，让他们尽量少作为、不生事的确太难了。

王导之世，门阀豪族势力已成，而且断送了西晋江山，社会对新王朝的呼唤是抑制门阀豪强，奖拔草莱，恢复中原，改变政府由门阀势族垄断的局面。然而，王导却一面模棱两可，在南渡的中原门阀和江南豪族之间搞平衡，一面放纵门阀豪族把持政权，胡作非为，从而换取他们的支持。这就是说，王导处在一个本该抑制政府官吏的时代，恰恰不抑制，反而更加放纵。仅仅由于进入中原的各个游牧民族之间的争斗，以及中原汉人对本族王朝的依恋，才使得偏安的小朝廷得以苟延。这样的丞相，这样的聩聩，当然没法得分。

对于政府而言，无为是种境界，在这种境界里，民间社会可以自然地生长，实现自己的均衡发展，但是，只有在抑制了官吏的权力冲动的情况下，无为才有可能。

小人不可得罪

无论是在皇帝还是大臣的眼里，宦官（即我们平常所说的太监）不过是打杂跑腿的下人差役，所伺候的对象是皇帝，或者皇族的王爷，在没有皇帝之前是周天子或者诸侯。由于这些享有众多妻妾的人，恰好对自己的性占有权特别在意，或者特别没有自信，所以这些伺候人的人被摘掉了命根子，成了阉人。

对于宦官，历史评价负面的多，宦官专权，被史家列为历代王朝三大祸患之首，每每提起赵高、十常侍、刘瑾、魏忠贤之辈，大家都恨得牙痒痒，到今天也余恨难消。不过，宦官专权必然有昏君当朝，宦官的恶跟昏君之昏，每每有绝对的正相关。也就是说，宦官专权之权，实际上是从昏君那里趸来的。专权的宦官让人怕，不专权的宦官同样令人忌惮三分。纵然是严嵩这样的权臣，上朝的时候也得对旁边伺候的小太监拱拱手才上去。到了清朝，鉴于前朝之弊，对宦官干政防范特严，但聪明的大臣对于皇帝身边的太监却一直陪着小心，甚至刻意笼络，绝对不敢怠慢。个中的道理，最近读史读到两个故事，也许能说明一二。

一个来自《左传》，是定公三年的事儿。一个小国邾国的国君邾庄公一天晚上和大夫夷射姑饮酒。喝得差不多的当口，夷射姑出来小便，看门人（阍者）问他讨肉吃。大概凡是君臣饮酒的时候，大夫都会顺便给看门人点什么吃的，可是夷射姑已经有点醉意了，不但不给肉，还一把抢过看门人手里的木杖敲人家的头。喝罢了酒，夷射姑离去，第二天，看门人用水把门庭弄湿，邾庄公从房间里出来，看见门庭里是湿的，问看门人怎么回事，看门人说这是夷射姑撒的尿。邾庄公恰好是个有洁癖而且性急之人，马上下令把夷射姑抓起来。从人出去以后，不知怎么半天没有抓到，邾庄公急得直跳脚，一个绊子摔到火炉上，"烂，遂卒"，一命呜呼。一泡似是而非的尿就这样断送了一个国君的性命。

第二件事发生在三国时期，孙权的儿子孙亮做皇帝的时候。一次孙亮想吃梅子，要宦官（小黄门）到库里取蜜渍梅，取来之后，发现蜜里居然有老鼠屎，召来管库的藏吏，库吏呼冤叩头。孙亮问库吏：黄门是否跟你讨过蜜吃？库吏回答说，是的，但我没有敢给他。孙亮说，那事情就明白了，老鼠屎必是黄门放进去的。黄门不服，左右大臣提议交付司法审断。孙亮说，此事想弄清楚很简单，把老鼠屎剖开，如果外湿里干，则是后放进去的，如果里外皆湿则是收藏时就有的，剖开，果然外湿里干，黄门服罪。

邾国的阍者虽然不知道是否为阉人（是阉人的可能性很大，《左传》里已经有很多寺人（即阉人）行动的记载，都是国君身边的人），但没有证据表明邾君对他有所宠信。同样，对于孙亮身边的那位小黄门，似乎也不可能很得宠，一来孙亮是史书上记载的聪明正直之主，从无信宠宦官的记录，否则他被权臣废的时候，这一条肯定会被当作一大罪状，二来那位小黄门如果真的受宠的话，估计库吏也不至于连一点蜜都不肯给他。就是这样两个根本谈不上得宠的帝王身边人，居然闹出了大事，出人命的大事。

前一个故事，仅仅由于夷射姑大夫没有及时到案，而且邾君性子又过于急，才阴差阳错死了国君逃过了本该丢命或者亡命的大臣。后一个故事，如果不是摊上聪明的孙亮，那么十有八九得罪了小黄门的库吏的小命是保不住的，弄不好还要连累家人。刘安升天成仙的时候，把家里的鸡犬也都带了上去，在仙人周围过活，哪怕再低贱，也沾了仙气。同理，处在权力核心的人，无论你是干什么的，能否得到有权者的信任，哪怕是烧饭、理发、看门的也都有可能沾了"权气"，得罪不起。不知什么时候，什么机会，使一个小绊儿，就能送了你的命。

只要人家在有权者身边，而且这个有权者的权力又足够大，足够霸道，那么这种机会就非常多，多到令人防不胜防的地步。所以，无论皇帝是否明白，是否宠信宦官，给皇帝当差办事的人，都不敢轻易得罪这些原本地位低下而且缺少关键零件的人。

自己被自己忽悠了

咱中国，是盛产神奇玩意儿的地方。一般来说，玩意儿只当它玩意儿就好，玩完了哈哈一笑，是个乐子。前些年，外国有个变魔术的，把火车都变没了，也没人当真。可惜，中国人脑子、肚子和手里的诡道法术，多半是要拿出来忽悠人的，忽悠住了，黄白之物到手，忽悠不住，大不了换一个人接着来。忽悠的前提就是有人当真。一般来说，忽悠人的人，自己多半都明白是怎么回事儿，大抵也就当一混的饭碗，人家尊自己为神仙什么的，自己也自称神仙，但对于自家有没有神术，其实门儿清。

不过，有的时候专门忽悠别人的人，也会被自己忽悠了，忘乎所以，觉得自己真的有两下子，是什么什么转世。这里，关键是氛围，如果氛围比较诡异，周围信邪的人比较多，这种事儿就比较容易发生。就像一个当官的，本来资质平平，可是周围人总是捧着他说高明，用不了多久他也会自以为高明一样。

义和团发生的年景，就是这样一个时候。朝野上下，一片迷信气氛，不少朝廷的大官愣是信誓旦旦地相信这个世界上有刀枪不入的法术。当然，当年活跃于北京、天津的义和团大师兄二师兄们，不少人其实心里明白，刀枪不入，无非是表演，就跟现在某些晚会上的吞剑睡刀、顶扎枪一样，就是玩给大伙看的，并不意味着台上表演完了，到后台你冲他肚子扎枪会平安无事。因此，当时的义和团，就有用戏法的手法来蒙人的，连西太后特意派来查看真假的大臣都给蒙在鼓里。

只是，林子大了什么鸟都有，义和团里，还真就有感觉自家有本事，真的可以挡住枪子的人。据当时的史料记载，闹义和团那阵，凡是有清军驻扎的地方，总是会有团民前来要求试枪，就是用真的快枪朝他们的肚子打一下。当时，距离鸦片战争已经有将近六十年，凡是正规的清朝军队，大多已经装备了西式快枪，即所谓的后膛枪，跟洋人手里的家伙，虽有精粗之别，其实差不太多。鉴于朝廷有明令褒奖义和团为义民，清军当然不敢造次，哪敢轻易开枪，可是人家缠住不放，非试不可，于是只好试试。只见来人口中念念有词，估计是咒语，可是听起来无非是什么"八戒悟空，不准透风"之类，然后身子一挺，就是八戒悟空了，袒出肚子，示意可以打了。这边拉枪栓，推子上膛，只听"啪唧"一声枪响，勇敢的团民，应声倒地。

在当时，像这样的勇者，还不算什么，还有搭台子在庙会上公开表演用肚子挡火枪的。这里要注明一下，不是表演者不想用西式快枪，因为他们实在没有。在大庭广众之下，经过繁复的仪式表演和观众的催促之后，最后关头终于到了，表演者鼓起了他勇敢的肚子——只听"砰"的一声闷响，表演者慢慢地跪了下来，最后倒在台上，肚子上留了一个巨大的血窟窿。显然，这位仁兄太实在，火枪里的药装得太足，而且真装沙子，以往，聪明人的表演，往往药倒是装了，但是不多，而且沙子都在被打者的手里，枪一响，沙子就在肚子附近落下了。

甚至八国联军打进来，尸横遍野之后，也有硬撑着的，认为自己可以挡住枪子的好汉。据外国人的记载，联军进天津的时候就碰上这么一位，坐在台子上，双手合十，口中念念有词，不死、不降、不走。这让围观的若干洋兵很是犯难，他们也不是一点儿不迷信，心里琢磨着，这家伙胆子这么大，兴许真有点东方的神秘功夫也未可知，一时间谁也不敢用枪来打，有的还怕一枪打过去万一弹回来怎么办？于是大家抓阄儿，选出一个人来放枪，最后一个倒霉蛋被选上，这家伙狠了狠心，一咬牙放了一枪，结果不问可知，最后这个勇者也一命归西。

这些把自己功夫当真的人，一般第一道都是被师傅忽悠的，闹义和团的时候，不知怎么搞的，北方呼啦啦来了很多身负神功的老师，这些老师号称都是从五台山、峨眉山上下来的，受什么真人、上仙亲授，告诉徒弟们，只要这么一练，神灵附体就可以刀枪不入。而其中练得最好的，据说都是童子身，从来没有近过女色，师傅越夸众人越捧就越是起劲，师傅临别再赠几句秘诀，飘飘然也。接下来，就是自己忽悠自己，越练感觉越好，感觉好到一定程度，就得展示，于是找人，觅枪，搭台试试。

一百多年过去，国人中间，号称有神奇功夫的还是有很多。从前有气功热，现在则有算命热、风水热。但是，不管哪个热，断然没有人宣称自己刀枪不入了，更没有人表示可以试试。还别说，一百年没有白过，人硬是聪明了许多。

民国里的五光十色

历史的好玩之处在于，它不见得总是推陈出新，而是经常旧戏重演，演员虽然变了，但戏的内容却依然如故。

两只老虎跑得快

中国的抗日战争产生了特别多的英雄，也产生了特别多的汉奸，最大的两个汉奸要算是汪精卫和陈公博。虽然这两个人做汉奸时，能控制的区域不过长江三角洲周围巴掌大的地方，但在名义上，他俩却是中国最大的傀儡政府的魁首。虽然在为虎作伥，跟日本侵略者合作方面，做的不见得比别的汉奸更多，但影响却最大。抗战胜利，将他们钉在耻辱柱的最顶端，应该是名实相符。

汪、陈二人政治上是搭档，生活上也是好朋友。原本汪精卫出走的计划，陈并未参与，可是到了汪已出走，日本人却改变前约，不给汪一个体面的台阶，而原来参与密议的高崇武、陶希圣竟相逃离的时候，陈却从香港来到了上海，一头扎进了"火坑"，说是要够朋友，讲义气。

汪精卫是国民党的元老，也是国民党的能臣，他和胡汉民两个原是孙中山的左膀右臂，国民党统治时期大家每周都要背诵的《总理遗嘱》就是汪的手笔。辛亥年广州起义失败，汪精卫愤而进京，刺杀摄政王，"引刀成一快，不负少年头"，谁不钦敬？汪精卫一表人才，风流儒雅，不知引得多少闺秀名媛仰慕。胡适曾经说过，如果汪精卫是个女人，他会死心塌地地爱他。当然，是男子也爱。汪夫人陈璧君体态臃肿，相貌一般，但汪精卫却一直洁身自爱，连丁点的绯闻都没有过。那时，国民党内，渔父（宋教仁）之才和兆铭（汪精卫）之德是大家公认的。汪精卫投敌后，国民党内元老一片哗然，差不多都会提到那句诸葛亮骂王朗的话："卿本佳人，奈何做贼？"有痛恨，也有惋惜。

在国民党的革命谱系里，陈公博出道要晚得多，此公先是追求共产主义，中共建党的第一次代表大会的 12 个代表中间就有他一个。只是进得快，退得也快，会还没开完，就因为一桩旅店里发生的自杀案，闻警开溜，一直溜到美国去留学。留学回来，才混进国民革命的革命队伍。陈再作冯妇之后，很快就得到汪精卫的赏识，从此收入帐下，成为汪系国民党的干将。跟汪不同，陈公博是才子型的人物，大块头的理论文章能写，诗词歌赋也来得，最关键的是醇酒妇人从来少不了，下野时如此，当政时也如此，而且从来不避人，夫人也不为此而喝醋吵闹。泡歌女，捧戏子，养情妇，风流韵事多得到了让人惊掉下巴的地步。据说陈公博曾写过一首夫子自道的诗："天下荒唐第一，古今才智无双，燕赵吴越孤心赏，任凭他人短长。"说得相当实在，此公的确是走到哪儿风流到哪儿，燕赵吴越到处留情，不管别人白眼还是黑眼。1930 年蒋冯阎大战，汪精卫和陈公博拉着改组派跟冯（玉祥）、阎（锡山）掺和，在战火纷飞的时候，到了人家阎老西的地盘上（山西）居然也没耽误泡戏子，看上了一个唱梆子的女伶，结果跟当地的军阀的"同情兄"撞了车，差点儿被人赶走。

在大的政治格局里看，似乎政治人物的私德跟政治上的表现没有多少关系，两个人，一个一尘不染，一个曳尾泥塗，却殊途同归一并做了汉奸。其实并不尽然，国民党是个没有打算跟传统决裂、却又习染了西方政治风尚的集团，汪精卫在党内一直以孙中山的继承人自居，虽然在跟蒋介石的争斗中，总是处于下风，但始终没有被平掉。也就是说，他至少在他自己体系内是头，而且从来也没有断了当整个国民党首领和中国领袖的心思。无论是传统政治语境，还是西方的政治风尚，个人的私德是必须讲究的，尤其是领袖人物的私德必须靠得住。所以，汪精卫只要领袖的感觉存在一日，就必须做一日的不沾锅（其实，他的政敌蒋介石也一样讲究，自从跟宋家结亲之后，荒唐事就没有了）。而陈公博尽管地位不低，但毕竟在"领袖"的下面，是"臣子"，主要的任务是给领袖奉献才智的，所以就无所谓了，得风流就风流一下。

说来有意思，汪记国民党一直是站在左翼的立场上，跟蒋介石过不去的。他们一直以为，自己在革命的道路上，跑得更快。最后做了汉奸，虽然自家有下地狱救国家的借口，其实也不过是政争失势寻求出路的一种选择。当然，这种选择，背后有对国际形势的错判，对中国抗战不可救药的悲观估计。说到底，汪、陈二人，还是在个人名利的路上跑，而且跑得太快了。

两个人日记里的"五四"

在做历史的人看来，日记虽然属于第一手材料，但却是不大好的材料。因为记日记的人，往往喜欢在日记里做假，对于很多人来说，日记，尤其是记述得比较详细的日记，在奋笔疾书的当时，就存了心。日后给别人看，如果这个人恰巧是个知名人士，这种可能性就更大。不过，就算是当初就存了心，料到自己的日记日后会出版，作者对经过的事件，在叙述上兴许会刻意隐瞒或者颠倒黑白，但日记毕竟会表达出来作者当时的某种想法，至少这种想法应该是真实的。具体对于某一件大事，日记里说还是不说，说多少，怎么说，肯定代表了当时作者对这件事的看法。

不用说，"五四运动"是件大事。尽管运动的后期，商人和工人也参加进来，但大体上，人们还是习惯性认为这个运动跟学生和知识界关系更密切，而跟军人基本上没有什么关系。如果一个军人和一个留学美国学文学的留学生比，大家肯定多半会认为后者对"五四运动"会更关心些，很可能更热心，而"五四运动"应该不会在前者的生活中留下什么痕迹。但是，我手边有两本已经出版的日记，一个是在哈佛留学的吴宓的，一个是陕西军人胡景翼的。读完之后，得出的印象，跟我原先的预想，完全相反。

在中国，吴宓算是个很有知名度的学人，提到清华国学研究院，提到王国维、陈寅恪，总能联系到他。"五四运动"当口，他在哈佛读书，专业是英美文学。传统上，留学生尤其是学文科的学生，对于国内局势相当关心，日本威逼中国签订"二十一条"的时候，这些学子就曾很是群情激愤过一次，巴黎和会与"五四"抗争，动静更大，国际关注的程度更高，留学生激动程度当然更高。但是，吴宓这个几乎每天记日记的人，竟然对这场运动只字未提。显然，这里没有消息不通的问题，当时的美国报纸，对"五四运动"有报道，而且第二年跟"五四"相关的山东问题之间交涉事件，吴宓的日记在同一时段就有反映。此前此后，关于新文化运动，诸如白话文学，写实主义，易卜生主义，《新青年》《新潮》，乃至胡适、陈独秀，他在日记里都多有提及，可是"五四"的政治抗议运动如火如荼，从火烧赵家楼到商民罢市，工人罢工，最后政府妥协，在他的日记里居然一点儿影子都没有。

当然，如果仔细搜的话，"五四"在吴宓的日记里还是有点儿蛛丝马迹的，至少在三个地方，吴宓还是影影绰绰地表达了他的一点儿看法。一是在 1919 年 9 月 7 日，在一篇洋洋洒洒 5000 余字的日记中，借批评男女同校，女子参政时写道："处中国危亡一发之际，自以强固统一之中央政府为首要，虽以共和为名，亦切宜整饬纪纲，杜绝纷扰。"另一次是在 1920 年的 3 月 28 日，借议论清华的一次小学潮，他发挥说，"今学生风潮盛起，持久不散，逾越范围，上下撑拒攻击，到处鸡犬不宁，不日必来外人之干涉，以外人为中国之君主。中国之人，尚不憬悟，清华之失，尚其小者。"同年 4 月 19 日，更进一步近乎绝望地议论道，"中国经此一番热闹，一线生计已绝。举凡政权之统一，人心之团结，社会之安宁，礼教之纲维，富强制企致，国粹之发扬，愈益无望。"这番热闹是指什么，应该就是指"五四"。不用说，吴宓对作为政治抗议的"五四运动"很不满意，很有微词，但是碍于中西几乎一致地对运动的肯定，又不便直接露骨地发声唱反调，即便在日记里也是如此——日记终要给人看的。

吴宓对"五四运动"的不以为然，跟他的文化保守主义倾向有关。我前面讲到他的日记多次提及新文化运动，但每次说及，没有别的，就是一个"骂"字：说新文学是"乱国文学"，"土匪文学"（1919 年 12 月 30 日）；说白话文学是"倒行逆施，贻毒召乱"（1920 年 2 月 12 日）；说"白话文学"、"易卜生"、"解放"是"牛鬼蛇神","粪秽疮痂"。骂得拽文，也很刻毒，上纲上线。当然，我相信，吴宓是真心诚意这样想的，在他看来，"五四"新文化运动是很可怕的，可怕到不仅国将不国，而且家将不家，具体地说是危及他和他的小家庭，因为这个运动"邪说流传"，"'解放''独立''自由恋爱'诸说盛行，必至人伦破灭，礼义廉耻均为湮丧"。想到这里，吴宓甚至悲观地要自杀——"则宓虽欲求一家之安宁、父子之慈孝、伉俪之亲爱，亦不可得。呜呼，前途黑暗如彼，今日劳愁如此，吾生何乐？诚不如自戕其生，则数分钟内，一切苦难，均冥然不知。清静之极，快乐之极！……（1920年4月19日）"而且，据他自己说，他很长一段时间里，总是有这种念头。

从表面上看，吴宓的对"五四"的看法，跟国内一些看到女子剪发、男女同校，便痛心疾首的冬烘的国粹派老朽没有什么区别，其过敏程度甚至有过之而无不及。毕竟，我们还没有听说，国内有哪个遗老遗少因为新文化运动而想到过自杀。不过，吴宓辈的牢骚毕竟跟卫道士有所不同。其骨子里，大抵因为在美国校园里见了太多的男女自由恋爱，未婚同居，下课携手钻树丛，赴"桑园之约"的景象；社会上也有在中国人看来，太多离婚通奸，寻妓作乐之事。但年少力壮的自己，却什么都不敢做，若干年中，"不得与女人相见，虽欲一睹惊鸿之过影，一聆呖呖之莺声"，"亦势所不能"。因此夜思梦想，未免"气愤愁惨伤怀"（1920年4月19日）。但是聊以欣慰的是，他同时却发现，美国也有相当多的知识界人士对此现象很是反感，视其为病毒。于是，他的这种气愤、愁惨伤怀多少变得有点正当了，反过来发现，国内的新文化运动伦理批判，个性解放的结果，跟他所反感的美国现实一样。因此，在他看来，所谓新文化的"新"，其实是学了西方坏的东西，等于把垃圾引进来。

胡景翼曾任陕西督军陈树藩的团长，后来参与组织有国民党色彩的靖国军，跟督军对着干，直皖战后归属直系，为直系偏师的一个师长。1924年第二次直奉战争期间，他跟冯玉祥合作倒戈，成立国民军，为第二军军长，也算是一个民国知名的军阀。"五四运动"当口，他主掌陕西靖国军，在陕西跟皖系的陈树藩对峙。

按陈志让的说法，北洋时期的军阀在文化观上多属于保守阵营，胡景翼虽然去过日本，跟国民党走得很近，但也是如此。在政治上，他反对皖系，尤其痛恨段祺瑞的心腹徐树铮，攻击说"徐母死了，是因为徐树铮的不孝所致"（1919 年 4 月 21 日），还崇拜关公，但是对时事颇为关心。在"五四"政治运动爆发之前，他不仅知道蔡元培其人，看蔡的《石头记索隐》，而且还知道陈独秀，"然对陈独秀辈之说，亦不觉为是，而觉其放诞甚也"（1919 年 3 月 26 日）。很可能，在胡景翼眼里，陈独秀不过是个口吐狂言，放浪形骸的名士。

然而，虽然对陈独秀不以为然，但"五四运动"却在胡景翼日记中留下了很多痕迹。由于北京政府的封锁，也由于陕西偏僻，直到 1919 年的 5 月 29 日，胡才从《益世报》上看到运动的消息，知道了北京学潮，上海的响应，蔡元培的辞职。由于不明巴黎和会上的真实情况，他认为首席代表外交部长陆征祥"可斩也"，"否则外交亦无进步，而人以为卖国为常事矣"。此时，他对于"五四运动"，基本上还是抄报纸，没有多少自己的评论。

随着运动的发展，6 月中旬，政府被迫让步，曹汝霖、章宗祥、陆宗舆免职，总理钱能训随之下台，他明显感到高兴，说，"此举或顺天意也，书云，天视自我民视，天听自我民听。曹等数人，人怨极矣，天岂有不愿者乎？"但是唯对钱能训下台感到有些惋惜，觉得此人还不错，下台是被只知道"依靠日人，借款买枪，招兵发财"的武人派（指段祺瑞和徐树铮）排挤掉的（1919 年 6 月 16 日）。此时，胡已经站在了学生一边，而"天视民视"的说法，跟吴佩孚的"五四"通电很是相似。自打这时候起，原来跟直系没有多少关系的胡景翼对吴佩孚一天天钦服起来，到直皖战争爆发的时候，虽然双方孰胜孰负还没有定局，但在胡景翼眼中，吴佩孚已经是关岳（关羽和岳飞）一般的人物了（1920 年 7 月 3 日）。而到了 6 月 28 日，当胡听人说此次运动大有成效，不仅英美法都乐意帮助中国，而且日本"亦欲让步"（其实不确），胡兴奋之极，说学生比宋时的太学生还要厉害，"予（胡的自称，笔者注）喜予国民气尚未尽死，公理尚在人心，国或不亡，而是非尚在"。忽然感觉他也是学生了，他的爱国事业不孤单了，居然在日记中三呼："中华民国万岁"，"学生万岁"，"予之事业万岁"！

有意思的是，胡景翼还发现了这场运动跟陕西人的关系，陕西学生屈武上京到总统府请愿，"屈武以头撞徐世昌之足，再撞其柱。政府诸人惧，又感其诚，遂得许多完满结果"（1919 年 10 月 15 日）。因此他非常佩服屈武，觉得陕西有人。关于这次请愿，屈武也有回忆，不过没有说他以头撞徐世昌的脚，也没有碰柱子，而是以头碰地"血流如注"。

耐人寻味的是，运动过后，胡景翼开始看胡适的《中国哲学史大纲》，一连看了很多天，一直到把书看完，感觉"其中无予不能解者"（1920 年 4 月 13 日）。显然，政治的意向，已经悄然影响到了文化观念。

胡景翼是个军阀，不过当时反对段祺瑞联日推行武力统一的人们中，有不少都是军阀。其中有直接受到威胁的南方军阀，也有北洋内部的直系军阀。诚然，这些人反段固然有利益之争的因素，但未尝没有对段祺瑞争取日本援助而出卖主权的不满。其中，吴佩孚、冯玉祥和胡景翼以及南方军阀赵恒惕等人，还是相当具有爱国心和正义感的，在平时，他们的军队纪律就比较好，而且没有多少劣迹。因此，他们对"五四运动"的呼应，不仅仅是出于派系之争而争取舆论，也有互相感染和相互支持。

历史是复杂的，很像样的学者也有一时看起来很不怎样的表现，而名声不佳的军阀，也有发乎内心爱国情感。

五光十色说民国

民国史北洋时期，给人的印象，就是乱，眼花缭乱。十几场仗同时开打，几十个人物上上下下，说东道西。北洋统治不足 16 年，光元首就换了好几位，袁世凯、黎元洪、徐世昌、曹锟、段祺瑞、张作霖。至于内阁，就像走马灯一样，平均一年换好几届。当过总理的人，能编一个加强排。真是乱哄哄你方唱罢我登场，其实，大家还都没唱完，观众连角儿都没看清楚，就换人了，跑龙套的，就更无所谓了。

那个时代，有自律甚严的军阀，比如吴佩孚，也有浑身流气的军阀，比如张宗昌。有人办大学，办得有模有样，比如张学良、唐继尧；有人搞实业，比如张作霖、刘湘、刘文辉；有人搞农村建设，比如阎锡山；很正面，很值得说。但也有人滥发军用票，胡乱征税，田赋预征到了 21 世纪，强迫人民种鸦片，种得本土鸦片到处都是，进口的印度大土没人要了，彻底实现鸦片的国产化。连军阀里面，信仰都五光十色，有信仰社会主义的陈炯明，也有信基督的冯玉祥，还有信佛的唐生智和信道的刘湘。

知识界也是如此，有学问大的泰斗，也有混饭吃的南郭先生。好大学办的可以跟西方比肩，烂的野鸡大学也比比皆是。同样是海归，有名副其实的名牌学子，也有克莱登大学的高足。自由主义流行，保守主义也流行，连马克思主义，一度都是学界的时髦，历史界不搞唯物史观，大家都看不起。

至于风光无限的媒体，更是这样，有引领潮流的《大公报》《申报》，也有专门登载明星绯闻的《晶报》。媒体人有志向高远、参与政治谋划的高人，也有专门泡胡同,寻找花边新闻的里手。张季鸾的社评,每每耸动天下,但《晶报》的流言蜚语,也照样能害死阮玲玉。一般的上海老百姓,还就是喜欢后面的花边,不乐闻大公报的高论。

那个时代,演戏的喜欢谈政治,演半截戏,停下来发表演说,看客居然喝彩。政客喜欢唱戏,不会唱两口西皮二黄的,就不算那个时代的官人。兴致高的,还花了大钱下海做票友。军人喜欢做文人,不穿军服,偏爱长袍马褂,跟文人诗酒唱和。文人喜欢谈兵,有机会就穿回戎装,挂上指挥刀,马上照相留念。

大人物都迷信武力统一,无论是袁世凯、段祺瑞还是吴佩孚,甚至包括孙中山。在北边的要统一,在南边的也想统一。但小一点的人物却想分治,搞联邦,联省自治,比如陈炯明和赵恒惕。想统一的,统一不了,想分治的,也分治不成。所以,那年月最大的问题是,国家实际上是分裂的,大军阀控制数省,大声吆喝,小军阀控制一个县,也自己当家。中央政府,政令不出都门,市场不统一,货币不统一,国家弱,政府穷,最穷的时候,连中央政府各部都发不出工资来,各个驻外使节,下旗回国——因为没有了经费。好不容易参战第一次世界大战,但作为战胜国的中国,在巴黎和会上却名列末等,只能派两个代表。自家的山东,被列强当成战利品争来争去,自己却说什么都不好使。更让人难堪的是战乱,上千个大小军阀,你打来,我打去,老百姓没有一个稳定的统治者。通商口岸还好,但是内地,则饱受战乱之苦。这样的国家,离仁人志士富国强兵的理想,实在太远。

要说好的,也有的说。资本家感觉,做生意挺容易,除了战乱,没有什么人干涉他们。教授和学生感觉也好,但凡提得起来的大学,无论国立、私立还是教会大学,个个像样,大学自治,教授治校,学术自由。他们感觉校长不像话,立马就可以起哄驱逐。一做了教授,就是总统来了也可以不理不睬,在课堂上爱怎么讲,就怎么讲,从不担心因为学术以外的原因被开了。报界的人士更是牛气,民国时期的牛记者,尽管在北洋末期被杀了两个，但那是真正牛气的时代，不管政要还是军阀，记者想骂，也就骂了。骂了之后人家给钱，收了钱还是骂。连国粹京剧，都是民国时期得到的光大，什么四大名旦，四小名旦，四大须生，都是民国人弄出来的好事。

总的来说，民国，尤其是北洋时期的民国，是个色彩斑斓的时代。人人都特行独立，有时特行得崇高，有时特行的猥琐。牛人被埋没不了，没人因为你牛而压制你，压也压不住。但凡有非常异议可怪之论的人物，或多或少都能得到一份尊重，除非，你只有程咬金的三板斧，后劲没了。各种各样的人，都有自己施展的舞台，但施展的前提，是你有这个本钱。这是个连小偷、流氓都有个性的年代，大家各有各的道，没有绝活，就别想混好。那个时代，中国有国际知名的学者，王国维、陈寅恪和陈垣。有丁文江和李四光。也有世界上叫得响的企业家范旭东、吴蕴初和卢作孚。教育家有蔡元培、蒋梦麟、张伯苓、陶行知。连名声不好的军人，也有上过时代周刊封面的吴佩孚。这个吴佩孚，晚年没落潦倒，但却从来不坠青云之志，一直牛哄哄。

那也是一个民主特别受到尊重的时代。

议会自打成立之后，好像没做过什么事情。京里坊间传说，两院议员对于逛八大胡同比参政议政更有积极性，没事就泡在胡同里吃花酒，莺莺燕燕。但是，既没有人把他们的高额补贴取消，也没人敢于蔑视议会。实在不行，就换一个议会，但换了之后，议员还是在胡同里泡着。曹锟贿选，原本心里也没有贿选这回事，无非是公开付给议员的辛苦费，付费，是为了尊重议会，尊重议员。

记者在报上骂了当政者，骂也就骂了，当政者硬着头皮，装不知道。学生上街游行，抗议政府行为。不管做得多么过火，都欺负到警察头上了，就是不敢镇压。不是做不到，而是自己感觉不能做——因为现在是民国，民主政体。

但是，当时的人，分成两部分，一部分是大众，既包括底层的民众，也包括内地的乡绅，他们对民主没有感觉，没有认识。对于战乱，有切肤之痛，却没有多少发言权。另一部分上层人士，知识界人士，对战乱的感知相当弱，但发言权大，声音大。对民主的偏好，主要局限于他们。只是，他们对于民主的喜好，往往带有强烈的功利意味。这个时期，上层人士和知识界，真正的政治信仰，是进化论。无论推崇军国民主义（即后来的军国主义），还是联邦主义，社会主义，甚至无政府主义，但骨子里都是进化论。进化论顽固地相信历史的进步主义，笃信西方的民主制度是历史进步的产物，迷信西方历史的新事物。在那时，他们相信，只要坚持这个制度，坚持这个制度的信条，中国就能走到富国强兵的路上去。即使后来一部分知识界人士抛弃了资产阶级民主，也没有抛弃进化论，只是觉得发现了西方某些比现行的民主制度更好的东西，更为科学、更为民主的东西。

这样功利的民主追崇者，对于跟民主相伴的自由，多半都不怎么在意。"五四"新文化运动，本质上是一场文学运动，道德运动。投身运动的青年，开始最在意的是个性解放，个人自由。为了从传统家族中挣脱出来，他们为之奋不顾身的奋斗。但是，挣脱出家族绳索的青年，一旦赶上"五四"爱国运动，轮到自己为国家，为民族争利益的时候，就纷纷放弃了自己的自由，而且去强迫别人也放弃自由。在抵制日货的时候，自己可以不惜代价无条件放弃自己所有的日货，也逼着商贩这样做，不做，就抓人戴高帽子游街。像孙中山这样的大人物，则公开鼓吹人们为了国家民族的自由，放弃自己的自由，把自己的自由，融入到民族国家的自由中去。当然，这样也就没了自由。

没了自由，也就没有了民主。

民国从北洋到国民党统治时期，民主沿着下降线行进。越是后来者，走得越远，降得越低。但是，没有人会把共和国的招牌放弃，没有人公然蔑视民主，谁都打民主牌。但大家却都在抽离自由，在民主中抽离自由。

在反对自由的过程中，原先在民主旗帜下的个性就纷纷逃掉死掉，五光十色的人和事，变得整齐，也变得单一。最终，变成了一个色调。

辛亥革命前后，摇晃的中国

1911 年发生的辛亥革命，快要一百年了。一个纪念日，到了纪念 100 回的时候，无论如何，都会热闹一下。况且，1911 年双十这个日子，又是中国帝制告终的开始，走向共和的中国，经过了一百年。民主共和思想，是否深入人心不知道，至少在名号上，跟上了世界潮流。就凭这一点，也值得庆祝一番。

说起来，这个革命的发生，多少有点偶然性。从小的方面说，如果当时坐镇武昌的湖广总督不是瑞澂，如果他不是炮一响就像个懦夫一样挖洞逃走，如果他此前的处置不是那么失当，偶然破获了革命党的据点，又拿人又砍头，而是当众把缴获的革命党人花名册给烧了，1911 年 10 月 10 日晚武昌新军工程营的枪声，兴许不会变成一场占领武汉三镇的起义。因为革命党人这样零星的枪声，已经响过很多次了，没有一次成气候的。就在武昌起义爆发前的一个月左右，武昌新军也来过这么一回，但并没有闹起来。

从大的方面讲，如果不是西太后和光绪死后，上台当政的满人少年亲贵由着性子胡闹，先是赶走了最能干的袁世凯，得罪了最不该得罪的人，然后又张罗收权，把地方权力收回中央，把汉人的权力收回满人。革命即使发生，也成不了气候。

千不该万不该的是，在各地立宪派风起云涌立宪请愿的时候，亲贵们不答应也就罢了，却搞了一个皇族内阁，让各地士绅们心凉到底——从此之后，中国的事，就由这些生在深宫，长于妇人之手的纨绔亲贵包办，士绅们借立宪分权的希望，被彻底浸在了冰水里。这么一来，士绅们把满人王朝恨得牙根痒痒，本来听不进去的革命党人排满的宣传，忽然就入耳了，真是非我族类，其心必异。尽管让他们放火，他们还是不敢，但只要有人放火，他们是乐于煽风的。辛亥武昌起义第二天，起义士兵群龙无首之际，逼来的黎元洪一言不发，死活不肯"从逆"，但作为湖北咨议局议长的汤化龙却来了，一来就不走了，连带着听他指挥的商团，也参加了革命。正是由于立宪派士绅的帮忙，不仅稳住了局面，而且争得了外国人的同情，说服了黎元洪改变主意，甚至还策动了前来镇压的海军舰队的反正，因为舰队司令的秘书汤芗铭，是汤化龙的弟弟。不仅武汉一地，立宪派帮忙革命，其他地方，也都在帮忙革命，有的地方，立宪党人干脆自己出头。最初独立的多个省份，实际上是革命党和立宪党人平分秋色。

尽管说，革命党人一直处心积虑要策动革命，但革命的形势却一直都不够成熟。尤其是清廷推行新政改革以来，革命成功的机会相当渺茫。尽管革命党在政、学、军界有诸多的渗透，很多新军官兵受排满宣传的影响，但革命党人发动了大大小小历次起义，好像没有一次有成功的希望。收买会党的起义，像是雇人造反，钱花光了，人也就散了。而新军的起义，动静大了一点，但却总也形成不了规模，要不就是时机总也不对。最关键的是，每次起义，都没有社会的呼应，基本上是革命党人单打独斗——他们一直以为这样个人英雄式单打独斗可以唤起民众，只手打天下，为此，暗杀成为起义之外最重要的手段，从南到北，革命党人都在试制炸弹，炸了这个炸那个，可惜，始终没把民众的觉悟炸出来，也没有把清朝炸垮了台。

不能否认，革命党人有救国救民之志，但落到实处，往往夺取政权的心情要占到上风，尽管夺取了政权，他们是为了实行最先进民主共和制度，好让中国实现跨越式发展。清朝的改革做的越好，尤其是预备实行立宪了，他们自我感觉自己的机会就越是渺茫。客观地说，如果不是有日本这样一个处心积虑不想让中国变好的近邻，这样的近邻总是借着帮助革命党人给中国政府捣乱，革命党人策动起义的本钱会更少，连宣传的影响力都会受局限。这是因为，清末的新政改革，的确做得不错。庚子后的乱局，很快就稳定下来，经济得到很大的恢复，外国投资增加，中国人自己办的工商业也呈现兴旺的景象。新政的各项事业，都在稳步前进。原来以为会引发强烈反弹的废科举改革，居然平稳度过，新学堂遍地开花，虽然问题成堆，但新式教育从此生根。军事改革，法律改革，官制改革，财政金融改革，地方自治乃至预备立宪，都在稳步推行。尽管有庚子赔款的巨大压力，但各级政府的财政收入都在大幅度增加，到辛亥年，朝廷的岁入居然达到破纪录的2.4亿有余，而各地财政，也大多有结余。爆发武昌起义的湖北，打开藩库的革命党人，发现他们拿下的这个政府，居然有4千万元左右的存银。事实上，正是有这些结余，各地的起义者才赖以招兵买马，扩张军队，维持了革命的命脉。新政的推行，不像以往很多论者所说，事业一塌糊涂，引起了民众的强烈反抗。新政后期，整体上社会治安良好，大的股匪都招安了，小的匪盗得到控制。所谓民众对新政的反抗，只有少数地区比如山西有对兴办新教育不满的骚动，民间结社干草会所谓烧学堂，打先生的运动，但规模并不大。其他的所谓反抗，主要集中在反抗丈量土地和清查人口方面，但骚动都是小规模低烈度的。以往的研究，往往先验地认为凡是王朝覆灭，必定是政治紊乱，民不聊生，遍地烽火，其实，清末恰恰不是这样。政治虽然谈不上清明，但比起庚子之前，却要好得多，民众生活也谈不上安定，但比起庚子之前，也要好得多。我们建国后史学界为了验证清朝腐败，天下大乱所做的统计，验证辛亥前一年，整个国家的民变（实际上有些夸张）次数，不过1万起。即使这个夸张的数字，放到这么大的国家里，实在算不了什么。

但是，主持变革的当家人，毕竟是一个刚刚犯过大错的集团，而且是一个少数民族集团。像鼓动借助义和团盲目排外这种逆时代潮流而动的大错，不仅导致八国联军入侵，国家主权大幅度丧失，而且造成了国家巨大的动荡和损失，数额达到4亿的庚子赔款，等于是在国家经济的血管上开了巨大的失血口。这样的错误，大大降低了这个政权的合法性。由于这样的一个错误，革命党人持续排满宣传，才有了市场。更多的汉人精英意识到原来这个朝廷是异族政权，从而使满清王朝的合法性进一步降低。剩下来的事，只能办好，不能办坏，一旦办坏，大家就会认为是非我族类的缘故。

然而，西太后之后少不更事的少年亲贵们，却大大地错估形势，不知道自己吃几两干饭，居然想通过把权力揽到自己手里，巩固统治。殊不知，满人政治能力退化，已经有一百多年，而政治格局的满轻汉重，内（朝廷）轻外（地方）重，也已有几十年的工夫，早成定局。满人中的能人，有经验的政治家，西太后和奕䜣在世的时候，都得承认现实，而以摄政王载沣为首的这种二十多岁的少年亲贵，既无从政经验，也无政治能力，居然敢贸然收权揽权，不坏事才怪。武昌军兴，亲贵们六神无主，马上实行立宪，废掉皇族内阁，答应所有立宪派的要求，但是已经晚了，人们不再给清政府机会了。从后来的历史看，这不仅是满人的悲剧，也是中国的悲剧。

革命最大的危险，是会带来社会的动荡，甚至导致外国的干涉。这一点，是当初革命和立宪两派论辩的主题。应该说，从近代革命史角度，辛亥革命算是一场动荡和破坏比较小的革命。立宪派的高度参与，极大地降低了破坏的程度，而革命党人，也在刻意减少革命带来的动荡。为此，他们不准农民革命，不进行底层动员。但是，另一个他们老早就依赖的势力，却趁革命之机登上政治舞台，这就是会党还包括一些绿林好汉。虽然说，跟会党合作，是革命党的传统，但在辛亥革命过程中，他们还是尽可能对会党势力进行了遏制，有的地方，甚至出现了镇压。但是，会党这种中国社会准黑社会的力量，还是冒了头，对革命后的秩序造成了极大的破坏。各地会党公开露面，大开香堂，大散海底，在底层社会建立黑社会的秩序，导致革命党人声誉大坏。二次革命，貌似强大的革命党，在袁世凯的打击下，不旋踵即土崩瓦解，跟他们不得人心，大有关系。

尽管破坏不那么大，但革命毕竟是一场中国人学习西方的激烈变革。

革命后，中国的国门上的招牌变了，从一个君主专制的政体，变成了最先进的美国体制，接任孙中山做临时大总统的袁世凯，也被誉为中国第一华盛顿，世界第二华盛顿。但是，革命后的现实告诉我们，这样的制度，落到实处，的确大有困难。就整体而言，虽然沿海开放口岸城市的绅商欢迎革命，而内地农村的士绅满怀疑虑，但汉人的官僚在革命进行中，却罕有为清朝殉节的。怀念清朝的遗老遗少，都是在革命后民国制度运行之后产生的。民国来了之后，很多人才觉得前朝其实更好一点，换句话说，民国不怎么样。

民国办不好，在很大程度上是没有生成一种新的秩序。然而，新秩序的产生，有赖于现存秩序的稳定。日本趁第一次世界大战之机的粗暴干涉，乱中添乱，袁世凯和他的谋士，错判形势，贸然称帝，袁世凯这个唯一的强人垮台，秩序的稳定，自然无从谈起。革命带来了民主共和制度，但这个制度在中国却落不了地，落不了地的制度，却没法修正，中国回不到更合适的君主立宪体制那里去，因为在上层信奉的进化论历史观里，制度的演进，是进化的必然，已经进化到先进的制度，任何"退步"，都是开历史的倒车。

辛亥革命，是一场没有准备好的大变革。这场变革，却给中国带来了深刻的变化。革命成功后不久，上海的报纸不无戏谑地罗列了革命前后的变化："共和政体成，专制政体灭；中华民国成，清朝灭；总统成，皇帝灭；新内阁成，旧内阁灭；新官制成，旧官制灭；新教育成，旧教育灭；枪炮兴，弓矢灭；新礼服兴，翎顶礼服灭；剪发兴，辫子灭；盘上髻兴，堕马髻灭；爱国帽兴，瓜皮帽灭；阳历兴，阴历灭；鞠躬礼兴，拜跪礼灭；卡片兴，大名剌灭；马路兴，城垣栏栅灭；律师兴，讼师灭；枪毙兴，斩绞灭；舞台名词兴，茶园名词灭；旅馆名词兴，客栈名词灭。"其实，新教育、枪炮、律师、马路这样的东西，并不是民国才兴的，而除了制度变化，其他的变化，都是皮相的，甚至并没有真的变过来，至少在民国初年是如此。连革命党人大力推动，强力执行的剪辫子和放足，在乡村世界也成果甚微。放足和禁缠（禁止缠足）成效最差，直到国民党统治时期，好些地方的妇女依然缠足。剪辫稍好，但坚持不剪的人，也所在多有。民国成立，原本戴在外国人头上的大礼帽，的确扣在了中国官员的脑袋上，而且他们的手上，也多了根"文明棍"（手杖），但是，民国之后，长袍马褂依然如旧一样，瓜皮帽也没有退出历史舞台，依旧为士绅的常服。为孙中山倡导的中山装，即使在国民党统治时期，也只是军政人员在官方场合的服装，回家之后，很多人还是袍褂当家。

辛亥革命真正给中国带来的变化，既不是风俗的变化，西化的习染，也不是新事物的出现，零星的现代化，甚至也不是制度的革命。如果没有革命，清朝如果能正常立宪的话，代议制民主早晚都会来，西方的法律、政治制度总会进来，只是技术上到底学谁的问题，而没有不学的道理。在我看来，辛亥革命带给中国和中国人的，其实是制度的困扰和变化的焦虑。

革命给了国人一个世界上最先进的制度，但却没法像魔棒一样，给中国带来立竿见影的变化。中国不仅没有因此而走向富强，反而更加混乱。很多人都明白，一个有两千年帝制传统的国度，骤然民国，其实难免消化不良，但是，人们不情愿看着刚刚确立的进化论历史观在自己身上破产，不愿意承认自己跟西方人其实不一样，没法原封不动地移植一个"最好的制度"，因为这样，似乎就等于承认自己种族的劣质。于是，只能把混乱归咎于变革得不彻底，革命得不彻底，因此只好在前进方向上做更激进的动作，革命，再革命，从制度变革走向文化和伦理革命，再则阶级革命，把中国社会翻过来，将传统的结构彻底打碎，建设一个人们谁也弄不明白的新世界。

即使不这样，在情势上，中国人也退不回去，退不到一个更合适自己的制度状况中去。其实建立代议制民主当然是必要的，但中国这样的国度，还是需要一个皇帝过渡的。可是过去的皇帝是满人，是异族，而且已经在革命的论述中带有屠杀汉人的原罪。所以，清朝的复辟，只能是遗老遗少的梦呓，一旦落到地上，连坚定的君主立宪主义者都会因之而崩溃。1917年的张勋复辟，不仅毁了康有为的清誉，也使得一直主张君主立宪的杨度心灰意懒，从此放弃了自己的主义。其他的人，没有实权的孔门后裔衍圣公做不了，有实权的袁世凯也做不了。道理很简单，中国已经共和了，人们只能往前走。

中国人不是在共和制度中无法生存，也不是创造不出好的东西来。几十年的民国历史，也有值得称道的教育，值得骄傲的文化，但是，国人却很难在共和制度里创造一个新的秩序。因此，就很难抵御卡里斯玛权威的呼唤，很难抵御革命，和革命的诱惑。革命带来了问题，答案却是只能在继续革命中得到解决。一个原本背着过重的历史包袱，又在清末历史中饱受欺凌的民族，学习西方，包括学习引进西方的制度，无论如何都摆不脱工具性的诱惑。所谓的革命，无非是要借助革命的杠杆，撬起导致民族翻身的巨石，当无论如何都撬不动的时候，不是换一个杠杆，而是接长这个杠杆，继续撬。

辛亥革命，以及革命后的一百年，都是值得国人反思的一个艰难的过程，一百周年的纪念，给了我们这样一个机会，但愿，人们能想出点什么来，别白过了。

关于辫子与革命的零碎故事

今天还来谈辫子，似乎怎么说都有点儿絮叨的嫌疑。这几年若干散文大师杀入历史的酱菜园子，被尘封已久的辫子陡然间便成为近乎时髦的话题，说得太多难免招人烦。不过，2011 年是辛亥革命一百周年（1911—2011 年），国人规矩，大凡重大历史事件，逢五逢十，总得拎出来抖抖灰，合伙吹打一通以示纪念。而辛亥革命又恰是唯一与辫子有关系的革命，提起这场革命，当年非革命党的人们印象最深刻的记忆几乎都与辫子有关。所以不妨在此说上几句。好在关于革命和辫子的话题好像还没人说过，至少说得没有像眼下荧屏上的辫子那么多。

中国男人在清朝的时候留辫子的这点历史常识，眼下已经普及得连三岁孩子都知道了，不仅知道，而且还在家长的共谋下试尝"复辟"，留上小辫或者安上条带瓜皮帽的假辫子什么的。不过，这些孩子和大人也许根本想不到，围绕这看起来微不足道的毛发，中国人曾经受过何等的折腾。满清入关的时候，非要遵循圣人之教"肤发受之父母不敢毁伤"的汉人跟他们一样，剃掉头顶的大部分头发留条小辫。结果是不少人为了脑袋顶上头发和脑后的小辫丢了自己的脑袋。后来，随着汉人暗中的"修正"，人们脑袋顶上的头发越留越多，剃发几乎只有象征的意义了，于是人们对脑袋后面的辫子却越发在乎。皇帝老儿盯紧人们脑后的辫子，辫子已经成为是否效忠大清朝的唯一标志，一般老百姓也不愿意让辫子没了，最怕的自然是官府当自己要造反。

然而，在大家都看顺眼了脑后的辫子以后，大清朝也渐渐地走到了自家的尽头。先是从广西杀出一伙号称信上帝的"长毛"，搅了大半个中国，虽然只是将辫子散开，可已经闹得人心惶惶。更糟的是，在洋人一拨一拨进来，中国人也渐渐地走出国门之后，总是占着上风的洋人似乎忘记了他们的祖先也曾经有人留过小辫子，一个劲儿地拿中国人脑后那劳什子开心，居然说那是"pigtail"（猪尾巴），还以此为由，硬称有五千年文明史的中国人为野蛮人和"土人"。租界的洋巡捕和红头阿三，抓起中国人来总是揪起辫子一带一串。对那些得风气之先的先进中国人来说，外国人的嘲骂和这种感官刺激引起的精神折磨真是让人受不了。于是，温和的（注意是留学生）把辫子盘起，像鲁迅描绘的那样，在头顶耸起一座富士山，而性子火爆的，则干脆剪了辫子。最凶的不仅自家剪，而且也逼着人家也剪，后来鼎鼎大名的陈独秀、邹容和张继三位，在日本留学时居然找到一个桃色的茬，一个抱腰，一个按头，一个挥剪，将清朝留学监督姚某人的辫子都铰了。

　　剪辫则意味着造反，但进入 20 世纪的清朝早就让洋人给折腾得做 2/3 死状，任凭秀女如云，连续三个皇帝居然都养不出半个子息，自然没有那精气神去寻没辫子的人的晦气，只要回国的留学生装上一条假辫子，官府一般都假装不知道。留学生们也得寸进尺，后来索性连假辫子也不装了，光着脑袋乱晃。渐渐的，连没出国的学堂学生也跟着起哄，一个接一个地将辫子送了假发店换酒钱，而属于朝廷命官的学堂监督则什么办法也没有，到了辛亥革命前夕，学堂里对剪辫学生最严厉的处罚就是剪辫的那个学期扣点分数。

　　可是，不论知识界跟辫子怎么过不去，乡下的农民却对自家那根辫子情有独钟，不管革命党人说破大天，硬是不肯动一丝半毫，尽管他们对清朝早没了兴趣，也巴不得它早点完蛋。然而，突然之间，革命不知什么就来了，几乎是一夜之间，大半个中国都插上了白旗。农民满以为打白旗戴白袖标的革命党是为崇祯戴孝反清复明，没想到他们刚刚坐进了衙门就开始剪辫子，比当年满清入关时张罗留辫子还要急切。革命军警加上青年学生，荷枪实弹，全副武装外加一把剪刀，上街巡行，设卡堵截，不问青红皂白，只要见着脑后拖辫子的人，就拉着辫子拖将过来。客气一点的还宣传一下剪辫的"伟大意义"，然后再动剪刀，不客气的干脆揪过来就是咔嚓一剪。害得路人纷纷然若惊弓之鸟，能不上街就尽量不出门，买东西只好让女人代劳，实在不行则盘起辫子，扣上帽子，甚至翻出明朝时候的方巾裹在头上，有的地方居然发明了尖顶高帽，为的就是能将辫子严严实实地盖住，据说这种尖顶帽一时非常流行，连衣不蔽体的穷人都要设法买一顶，那情景，如果让今人见了，肯定会以为是湖南农民运动和文化大革命，满街走的都是戴高帽子游街的革命对象。进城的农民遭际更惨，一串一串地被抓住剪了辫子，害得他们一时间连赶集都不敢去了，实在不行也派女人出马。剪辫的场景当时曾被人用照相机记录了下来，从照片上我们可以看到一位衣衫褴褛的男人正在被一位军警拽住了辫子，剪刀刚刚挥起，军警的得意和那汉子悲苦无奈之状形成了鲜明的对照。

老百姓难受归难受，革命党辫子该剪照样剪，在革命党人看来，有没有辫子，并不是个人的习好，而是是否依然忠于满清的问题。极而言之，脑袋后面拖着的辫子就是个奴隶根，所以，非加大挥剪的力度不可。有的地方，比如宁波，坐进衙门里的革命党人已经不满足于上街抢剪刀，居然堂而皇之地规定，凡是不肯剪辫的人一律剥夺"公权"，某些抗拒剪辫的绅士还真的被送进了监狱，结果可想而知，辫子没保住，蹲了班房，还被罚了巨款。

那时候，剪刀在手的人们几乎个个都理直气壮，无论是抓住辫子一声咔嚓，还是抓人进局子，都显得干净利落、痛快淋漓，真理与强权似乎都在他们这一边。剪辫就是排满，就是革命。虽然大家脑袋里想得更多的只是光复汉族，但剪辫子以后却无论如何扮不成"汉官威仪"，剪辫实际是效法西俗——老百姓看得很清楚，无非是叫人做"假洋鬼子"。从某种意义上，剪辫与建立中华民国一样，都属于学习西方的具体行动，因而在当时那个特定的情景下，尤其显得气粗胆壮。然而，气壮如牛的革命党人偶尔也有吃瘪的时候。当剪刀伸到为洋人做事的中国仆人的脑袋上的时候，经没了辫子的下人的一哭一叫，洋主子出头，谙熟西方民主政治的若辈拿出自由与权利的大道理侃侃而谈，大概没想到学洋鬼子的事，却在真洋鬼子面前碰了壁，革命党人一时间居然无话可说，态度好的还可能赔情道歉，保证下不为例。只是那个时候在中国的洋人毕竟还太少，洋人的仆人撞到革命党人剪刀上的就更稀罕，所以剪辫子在整个革命期间都在浩浩荡荡而理直气壮地进行。

其实，老百姓不愿意剪辫子，并不像革命党人理解的那样，是心里依然甘愿做满人的奴隶，留辫子很大程度上只是因为他们已经习惯，凡是跟自家生活尤其是身体有关的事情，只要是习惯了，老百姓尤其是农民就不乐意改，不仅仅是头发，其他如穿戴也如此。不按照老习惯走，就浑身不自在，总觉得有些不安，剃发留辫已经实行了200多年，老百姓早就将之视为理所当然的习惯，自然不肯轻易更改，没了辫子，连老婆看了都不顺眼，觉得丑得不得了。平民百姓没有学过美学，在他们眼里，顺眼的就美，不顺眼则丑。辛亥前，如鲁迅小说《阿Q正传》中假洋鬼子的老婆见夫君没了辫子而寻死觅活的并不少见，笔者就看见过若干笔记里记载过因丈夫剪辫而闹着自杀或者离婚的。不过，老百姓对辫子担心的背后，还有一层更深刻原因，就是对于有关毛发巫术的恐惧。整个清朝几乎都在流行剪辫子的故事，关于偷剪辫子的谣传，不是这儿传传，就是那儿吹吹，时常造成大面积的恐慌。美国学者孔飞力就曾经就乾隆年间的一次有关剪辫的事件，侃出了一本著作，将国内学界唬得一愣愣的。人们对丢辫子担心，最主要还是在巫术方面，经人类学家证实，这种心理许多民族都有过：人体的毛发和指甲等东西只要被巫师作了法，相应的人就会遭到祸殃，甚至在某些工程中使用了这些毛发之类的东西，也可以导致相应的人生病或者死亡。显然，辛亥时老百姓对于剪辫的不情愿也有这种巫术的恐慌在作怪。冯玉祥将军回忆说，辛亥后他手下那些来自农村的士兵被剪了辫哭哭啼啼的且不说，而且十分郑重地将被剪下来的辫子包好藏起来，那情形有点儿像太监阉割后，将割下来的命根子包好收起。其实，那些被当街强按头剪了辫子的人，如果没有被吓昏了头，大多也是要将剪下来的辫子讨回去的，在历史记载中我已经发现了这一点。

出来吃粮当兵的人，为了一碗当时看起来还算不坏的兵饭，不得不服从军令而剪辫，不情愿也没有办法，哭闹一阵也就罢了。而对于革命党并没有赏饭的老百姓来说，无端强按头抢剪刀，可就更难以接受了。事实上，革命党人的剪辫政策还在革命进行当中惹出了麻烦。据史料记载，苏州宣布独立后，一位新军的排长带兵在街头强迫剪辫，结果遭市民群殴，警察在排解时显然有所偏袒，于是第二天又来了更多的新军将警察局捣毁。至于安徽首府安庆发生的乱子就更大，拥护前清巡抚朱家宝的人利用革命党人强迫剪辫惹起的民愤，煽动市民闹事，一呼百应，成群的市民涌上街头，看见穿西装无辫的人就是一通拳脚，并以反对剪辫为名，压迫革命党人的都督王天培走人。结果还真的将王给挤走了，最后不得不由另一个革命党人李烈钧从江西带兵入皖才将局面挽回。

实际上，这些事件是一个信号，一种警示，它们预示着革命党人在与民众关系上已经有些麻烦了，只是自我感觉不错的革命党人并没有觉察。自然，对老百姓来说最大的问题是吃饭，他们对清朝的嫌恶很大程度上是由于吃饭问题已经出现了麻烦。当清朝政府垮台的时候，一些农民曾经想当然地认为，皇帝没有了，租米也可以不交了，还有些人还无师自通地组织了"农局"，借来革命党的口号，打出"自由择君"、"自由择善"的旗帜，抗租抗税，满以为这种与党人呼应的新名词能换来新政权的认可。然而，掌权的革命党对他们的呼应却是派来了军队，将这些痴心妄想的农民淹没在血泊里。革命后的苛捐杂税不仅没有减少，有些地区反而因军费的缘故有所增加。事情就是这样，作为政府，如果能给老百姓一点儿具体的实惠，那么也许他们会接受或者忍受某些习惯的改变，如果一点儿实惠也没有，反而强迫他们易风易俗，那肯定要遭到强烈的抵抗。革命党既然连传统的轻徭薄赋政策都不能采用，却要强迫老百姓剪掉他们相当在乎的辫子，那么招致民众的不满自然是不奇怪的了。在南京临时政府刚刚成立的时候，西方的外交使节已经注意到由于派捐和强迫剪辫，南京的市民开始口出怨言，有的甚至后悔曾经对革命运动给予的同情和支持。革命后普遍出现的革命政权改头换面，甚至真正的革命党人遭到迫害和杀戮却无人过问的现象，其中固然有不喜欢革命党的地方势力的阴谋，但民众对这些只顾剪辫和打菩萨的党人严重缺乏亲和力，也正是地方势力得售其奸的便利条件。

对于辛亥革命历史的研究者来说，有一个问题始终令人感到有点迷惑，这就是革命党在革命后的迅速失败。在革命中，革命党占据了大半个中国，拥有全国人数最多的武装力量，革命后，虽然军事实力有所削弱，但仍然不容小视，而且掌握着国会最多的议席。诚然，由于革命党组织的涣散，对议会政治过分的追求，不敌袁世凯的北洋军并不出人意料，但在袁世凯的军事打击下，革命党像雪崩似的瓦解，连像样的抵抗都组织不起却令人始料未及，其失败之速、垮台之惨，与当时双方力量对比实在不相称。在今天看来，革命的大厦虽然雄伟，但在建设过程中却忽略了基础，根本经不得风雨，一场农民根本没有参与、基本上由知识界和地方士绅操纵的大选，无论拿到多少选票，实际上并不说明问题。退一步说，即使革命党的军队还像革命过程中那么多，恐怕也难以在跟袁世凯的角逐中获胜。因为组成这些军队的人，不过是贪图几个粮饷，对剪去他们辫子的人缺乏起码的亲和力，历史证明，这样的军队是不能打仗的。

当然，对于这样一场席卷全国的革命来说，辫子的去留委实算不上什么大事，可是这场革命中推行的社会改革措施，算来算去还就数剪辫子，而且就连剪辫子也是强迫的，不能不让人感到困惑。以先知先觉自许的革命党人，看起来根本没在乎那些后知后觉的愚氓的感觉，农民租税必须照交，选举则由知识界代办，连自家的头发也须由英雄们做主。辛亥革命早就过去了，男人的辫子也基本上成了其留在画面上的历史，可是英雄们替老百姓安排一切的做派却流芳了几十年。台面上的人们总觉得老百姓特别是农民太笨、太愚，不把他们的吃喝拉撒都想到、设计好就放心不下，不仅为他们架好了通向幸福生活的金桥，而且还要操心手把手领着他们过去。直到今天，还不断了有大人先生叫嚷着要逼民致富，强行规定农民种这个养那个。总之，只要是英雄们认为对的事情，老百姓理解要执行，不理解也要执行，也许这也是一种革命的逻辑。

辛亥革命已经过去了一百年，不知道人们尤其是高高在上的人们，有没有雅量容忍看来好丑好丑的辫子，或者类似的东西，哪怕在它上面体现了世界上最丑陋的思想，折射了最恶劣的行为，只要它没有变成某作家笔下的"神鞭"，辫稍掠到你的尊脸。当然，更希望如果再有这样的事，那些被强令剪辫子的老百姓，能站起身来嚷一声：我留辫子干你鸟事——呸！

沿下降线行进的民国政府

帝制结束之后，中国变了民国，在名义上共和制的招牌已经挂在了首都的城门楼上，在中国历史上破天荒地第一次建立了代议制政府。民国的前半段，人称北洋军阀统治时期（1912—1928年），差不多16年。这一段历史类似东汉末年，群雄并起，乱打群架的时光，今儿联甲倒乙，明儿乙联丙倒甲，后天甲再联合乙、丙、戊等一起倒丁。南与北打，东与西打，一省甚至一区之内，几个小军阀忽而刀兵相见，忽而握手言欢。看这段历史，谁都头大，不仅头痛混战不已，民生涂炭，还头痛找不到头绪，连最好读的陶菊隐先生的《北洋军阀统治时期史话》一书，往往几页就冒出来几十个人名，几场乱仗同时开打，乱哄哄，你未唱罢我登场，叫我如何认得他！

不过，如果粗线条的概括，民国北洋军阀统治这段从北京政府的角度上看，大体上是袁世凯4年，皖系4年，直系4年，奉系4年，即袁世凯，段祺瑞，曹锟和吴佩孚，张作霖依次各唱了4年的戏。这16年，虽然依王闿运的对子概括为"民犹是也，国犹是也，无分南北；总而言之，统而言之，不是东西"，但细分起来还是有分别的。比较令人感到悲哀的是，这一时期的民国政府，在民主制度方面是沿着下降线行进的。袁世凯时期，民国元年的国会是全国普选的，尽管农民们未必知道选举是怎么回事，大多数人实际上是由别人包办投的票，但普选的形式毕竟在，人为操纵的痕迹不大，其实是各地的精英按照他们的意志，选出了他们心目中应该做议员的人（有的地方，人还在国外留学就已经被选为议员）。到了皖系上台，组织了安福俱乐部,操纵选举,结果弄出来一个安福国会。轮到直系出头,居然公开贿选,议员成了猪崽。冯玉祥联合奉系倒直,首先推出来的临时政府居然连代议制机关都没有,接下来的奉系政府干脆就是军政府,首领是大元帅。套一句俗语:黄鼠狼生老鼠,一代不如一代。

当然,我们可以说这个时期当政的都是军阀武夫,不知道宪政是怎么回事,就像民国的外交家顾维钧所说的那样,袁世凯对西方民主缺乏起码的认识。袁世凯如此,袁世凯之后的"北洋团体"中的骁将则更是等而下之。不过,事情还有另一面,虽然武夫不了解西方的代议制,更不懂民主是什么,可毕竟他们都是从晚清过来的,深知清朝积弱积贫的历史,明了若干年来中国学习西方的艰苦努力。虽然他们不了解代议制,不了解西方的民主制度,但这个制度的优越却是经过西方的"先生们"验证过的,即便在拥有清朝的王公贵族最喜欢的帝制德国也有国会和宪法。他们吃过西方军队苦头,并且受过西式军事教育,其中有些人还有留过洋(德国和日本)的经历,至少知道他们所效法的西方称雄世界的道理。更有意思的是,这些武夫实际上对风靡知识界的进化论也略晓一二,他们对当时堪称时代的意识形态的社会达尔文主义是从心底里服膺的,就当时而言,西方的制度就意味着进步,意味着进化的方向。所以,不了解代议制,不明白民主制度,不意味着他们完全不理会这个制度,不希望尝试按照这个制度操作一下,好让中国也强盛起来。

我们所说的北洋军阀其实是中国人学习西方推行军事现代化的产物,他们不见得都是我们教科书所说的卖国贼,至少也有希望中国好起来的愿望。所谓的"北洋团体"中,像张勋这样的人是少数,而且属于团体的边缘人物(不是北洋军事学校出来的人)。其他的人,即使对共和并不热心,也不至于公然开倒车,所谓的袁世凯复辟,他的帝制其实并没有取消代议制,打的主意是君主立宪制。反过来也可以理解,尽管中国进入共和政体以来,国家之混乱,国势之衰落比之晚清有过之而无不及,可复辟却总也实现不了(包括强人袁世凯所尝试的看起来仅仅退了一小步的帝制），反对者中最有力量的还是"北洋团体"的军人们。进化论的魅力，在那个时代显然不是其他什么力量可以抵消的。

但是，在这16年中我们也看到了另外一种场景。每当这些武夫打算尊重代议制的时候，跟国会往往很难处理好关系，处处是坎，冲突不断，什么事都做不成。当他们抛弃了对宪法和对国会的尊重，实践起他们一向熟悉的权术操作、军人干政时，则到处绿灯，诸事遂顺，想干什么往往就能成什么。这是一个令人悲哀的现实，但的确是现实。当袁世凯尊重宪政的时候，民元的国会选举他没有干预，甚至没有利用自己的行政资源，对自己所期待的政党施一援手，眼睁睁地看着同盟会变的国民党取得优势，成了国会具有绝对优势的第一大党。然而在这种情况下，他步履维艰了，面对辛亥革命后各地乱糟糟的局面，遍地民军，遍地军政府，土匪和帮会横行，中央政府，统一财政，削减民军，整顿地方，一样也做不成。然而，最后袁世凯动武了，大兵一到，反抗的国民党势力土崩瓦解，大小头目出国流亡。更损的是，袁世凯派人化装成"公民"，组织"公民团"包围国会，逼国会选他为正式大总统，居然这个国民党人占多数的国会还就真的把他选成了正式大总统。吃硬不吃软的政治现实逼得北洋军阀走回了老路。既然做君子不如做小人甚至做流氓，那么索性就流氓做到底。坐上正式大总统宝座的袁世凯，干脆以收缴议员国民党党证的方式，把国民党议员统统赶走，迫使国会因不过半数开不成会，然后自己一家说了算，连新的盟友进步党人也一块涮。然而，接下来他进入了自家统治的最高点，秩序稳定，改革前进，一些非北洋系的地方军人也开始被收抚，国家的财政收入也很有起色。若不是日本乘欧洲列强忙于世界大战之际，对中国提出"二十一条"，让袁世凯做不起人，出现了合法性危机，一切看起来很是不错。

当然，真的把袁世凯毁了的还是他的帝制"改革"，这一招不仅没能实现他加强中央权力的初衷，反而给了那些原本在他"削藩"过程中惴惴不安的地方势力以反抗的借口，一个合乎进化论意识形态的最好借口。送了他性命的"二陈汤"（原本是他亲信的四川督军陈宦、陕西督军陈树藩和湖南督军汤芗铭都宣布独立反袁），本是从自家药店买来的。

同样，接下来统领北洋团体、控制北京政府的段祺瑞的遭遇也是如此。当身为国务总理的他尊重民元国会，尊重民元约法的时候，几乎寸步难行，处处掣肘，跟国会以及虚位的总统黎元洪的关系越来越僵，直至最后决裂。当他玩阴谋，耍诡计，煽动督军团干政，最后利用张勋赶走黎元洪，复辟帝制，把殉清的小皇帝抬出来的时候反而左右逢源，连黎元洪都再次委任他为国务总理，组织讨逆军，杀回北京，他成了"再造共和"的大英雄。成了英雄之后，接受前段时间府院之争的教训，开始组织选举听话的国会，从日本弄来的西原大借款，多半养了自家的私家武力参战军，少部分堆出来一个安福国会，选出一个乖巧听话的总统徐世昌，从此，政治强人段祺瑞要什么有什么，再也没人挡道。段祺瑞最后栽就栽在武力统一的策略上。武力统一南方，在用武过程中，同室相残，消耗掉同属"北洋团体"的直系力量，借刀杀人，一石二鸟。直系的吴佩孚卖力打下了湖南，但湖南督军却给了只知道捞钱的张敬尧，只因为张是段的亲信，而立下大功的吴佩孚只许在湘南前线拼命。算盘打得不错，但谁都不是傻子，包括吴佩孚的"主公"、人称曹三傻子的曹锟。结果武力统一变成了北洋火并，直系从湖南前线回师北上，段祺瑞花大钱养的少爷兵敌不住吴佩孚，天下从此变了颜色。皖系倒台之后，有一个直系和奉系共同当家的时段，在这个阶段，占了优势的直系调子唱得很高，对宪政看起来相当尊重，不仅民元国会重开，连黎元洪都再作冯妇，重回总统宝座。可是，一旦奉系被驱逐出关，直系一统北京政府之后，曹锟就公然搞起了贿选，早就堕落成政客的民元国会议员也相当配合，3000元一票，5000元一票地把只知道写一笔"虎"字的曹锟选成了民国大总统。连选总统都可以收钱投票的国会自然做不起代议机关，国会从此废掉。北京政府，进入了曹锟要钱，吴佩孚专权的时代。

直系的垮掉，跟内部分裂有关。一方面是吴佩孚个人专权，排挤同一系统的其他将领，尤其是直系的另一员骁将冯玉祥。一方面也是由于吴佩孚民族主义的高调唱得太高，上去下不来，阻碍了北京政府靠出卖主权换取借款的途径，导致中央政府财力枯竭，机关干部和军警一起上街游行讨薪。财力有限，难免就分赃不均，吴佩孚自家的嫡系还能保障供给，而别的人尤其是没有地盘的冯玉祥就好闹穷，转而接受直系夙敌奉系的资助，一旦直奉开战，冯玉祥倒戈自然不可避免。原本旗鼓相当的直奉两个军阀，打得正激烈的当口，直系一个方面军回师倒戈，抄了大队人马的后路，吴佩孚再硬也撑不下去，于是，开始了奉系入主北京政府的时代。当然，奉系时代的序幕，有一个国民军和奉系共同当家的过渡，此时的临时政府，又抬出了段祺瑞。段的头衔是临时执政，执政府根本没有立法机关。接下来的奉系政府干脆就是军政府，胡子出身的张作霖做了大元帅，代议机关连形式上存在的可能性都没有了。奉系统治的 4 年是北洋时期最黑暗的时期，不仅连形式上的代议机关不复存在，连起码的言论自由也遭到封杀。敢言的记者被捕杀，民国最有名的两个名记者邵飘萍、林白水，都死在奉系军阀手里。学生的游行请愿，也遭到军警射杀，著名的"三一八"惨案，被鲁迅称为民国以来最黑暗的一天，这样的事情也只有在奉系的天下里才可能出现。北京的教育界一向独立，由专家教授治校，但奉系上台之后派人接管，说是教员的薪水不再拖欠，但必须听话，如果不听话就军法从事。张作霖的名言是：管你吃，管你穿，不听话怎么能行？汉高祖刘邦约法三章，我只一章，不听话就枪毙。后来，由于小张（张学良）后来在西安事变中的表现，一白遮百丑，结果父以子贵，连老张（张作霖）的种种，包括做土匪打家劫舍也变得很是正面，实在是历史叙述的滑稽。当然，这已经是后话了。

中央政府在下降线上行进，其他地方也是如此。孙中山的南方政府和非常国会，也一样卷在阴谋、暗杀以及军阀恶斗之中难以自拔，孙中山在骂南北军阀一丘之貉的时候，他的政治操作也没有脱离权术和武力威胁的窠臼。湖南的赵恒惕，广东的陈炯明提倡联省自治，省宪倒是做得像模像样，可是基于省宪的自治却都谈不上，还是有枪的说了算。从骨子里讲，北洋时代跟中国其他历史阶段出现的军阀统治时期没有本质的区别，都是唯力是恃，武力崇拜。整个社会进入一个武化时期，人与人之间的关系原有的调节机制受到很大破坏，暴力手段受到最多的推崇，枪杆子成为这一时期最有价值的物品。枪杆子里面出政权，实际上是湖南一个文人出身的军阀谭延闿总结出来的，很形象地揭示了这一时期政治的真谛。然而，这一时期的政治跟东汉末年和五代十国时期又有不一样的地方。这时的中国，已经被西方拉了它们的世界体系，军阀政治无论在操作手段上多么的传统，但毕竟摆脱不了现代性的印痕。中国农民在闹义和团的时候，对洋枪洋炮还相当地陌生，想拥有但拥有了却不会使用。可是经过军阀多年混战，兵变为匪、匪变成兵的战争习染，农民对西洋火器的熟悉程度实现了质的飞跃。招来的农民稍加训练就是兵，当兵也成为很多地区农民的一项还算不坏的职业选择，这一切，也为后来的共产主义的农村革命提供了准备。

更令人悲哀的是，这一时期的知识界不但没有阻止政治的下滑反而在某种程度上起了推波助澜的作用。学界的主流政治意向只在两个方面特别的活跃，一方面依然沉醉于"根本解决"的方案，当发现制度改变没有能改变中国的时候，就把努力方向投向伦理和文化改造方向。新文化运动本身倒无可厚非，但知识界寄托在其上的政治理想不仅过于沉重，而且模糊了政治变革的真正方向。另一方面，某些知识精英又对好人政治、贤人政治抱有过多的幻想，甚至希望托庇于某个好军阀，借助军事和政治的强力实现自己的政治抱负。这一时期虽然也不乏有留学西方、专攻宪政和民主的学者回国，但就总体而言，西方民主宪政理论的研究在中国并无多大起色，即使在学界也没有多少声音，学界丧失了对政治的理性思考的能力。相反，唯物史观和阶级话语倒在学界逐渐发出大声，甚至占据主流，唯一有力的抵抗倒来自主张文化保守主义的陈寅恪、钱穆等人。北洋时期这种沿下降线行进的政治演进，值得后来的人们认真地思考，在政治的台前表演的军阀武夫们，不见得都是白鼻子的丑角，也不见得都是背后受帝国主义列强牵线操纵的牵线木偶。中国政治从代议制逐渐演变军事专制，最后变成国民党统治时期的党治和军事专制的混合，道理何在？绝非一句转型期的特有现象可以说清楚。历史从来都是复杂的，北洋时期纷乱的历史就更加复杂，这个复杂蕴含着机遇，一种可以解开我们这个古老民族现代化转型迷局的机遇，但愿当我们再次面对北洋历史的时候，不要再放过了。

双枪兵与双枪将

　　说历史的书在谈及军阀的时候，双枪兵和双枪将永远是个能挑起兴致的话题。所谓的双枪，就是一根步枪（或者别的什么枪）再加一根烟枪，意指那些抽大烟的军人们的"装备"。比较起来，按比率而言，在军阀的队伍里面，双枪将的比例要比双枪兵高，即使在那些士兵没有抽大烟习惯的军队里，军官也不乏瘾君子。生活稍微好一点儿的人就要抽大烟，这是当时的风俗，北京的小富之家，每每鼓励孩子熏一口，说是可以让孩子踏实，不招事儿。那时的人们管鸦片叫芙蓉膏、福寿膏，可见其社会声誉并不像我们今天想象的那么差。同样，双枪兵的产生也跟风俗有关。那个时候，西南和西北地区盛产烟土（论品质，西南的烟土优于西北），统治的军阀为了多收税，鼓励甚至强迫农民种罂粟，而农民为了提高商品率，也多半乐于种植，种的多了又没有人禁，价钱也就降下来了，谁都抽得起，抽大烟就跟近日吸烟卷一样了。在西南和西北地方，实际上社会各界上下层人士都在抽，多少个文人回忆都提到，到了西南，轿夫和脚夫，路上休息时，首先做的事情是抽烟，饭吃不吃倒在其次。由于鸦片这种东西，一沾就上瘾，跟饭和盐一样离不开，所以，鸦片的种植也就成为农民的一种对经济作物的追求，不断地可以生利（当然大头还是让掌权的军阀收去了），维持生计。鄂豫皖的红军到了川北，发现最大的问题是没有兵源可以补充，当地的农民无论贫富，凡是男性个个都是烟鬼，最后只好变通一下，找那些烟瘾小一点的弄进来再戒，实在不行只好找女人来顶（下层百姓，女性抽烟者很少）。

所以，红军四方面军（中国工农第四方面军的简称）才有那么多的女兵。

那个时候，抽大烟实际上是种文化，跟我们的饮食一样，不仅有"食"的内容及形式的讲究，而且有器皿的追求（烟枪、烟具），还有吸食环境的建设。稍微讲究点的家庭，待客之具少不了烟枪若干，烟枪的档次代表着家庭的地位。达官贵人，吃花酒是交际，但真正谈事必须蹚进密室，伴着烟枪来。雏妓学生意，首先不是学唱，而且如何烧烟、烧烟炮，也是名妓色艺中艺的内容之一。那些将这毒物输入中国的老外，居然把小脚、辫子和烟枪同列为中国人的象征反复展出，可恨固然可恨，但扣去源头不论，其实倒也不算冤枉，世界上抽鸦片的人多了，缅甸、印度比我们都早，为什么人家没有发展出如此雅俗共赏的一套文化来？

军人也是人，逃不出食文化和烟文化的习染。漫说士兵，就是那些当日怀着一腔救国之志，留学日本回来的士官生回国之后，过不了多久也开始喷云吐雾，士兵自然也就拿烟炮当干粮了。那个时候发军饷，经常是半为大洋半为烟土，没有大洋，光是烟土也无不可，士兵也跟抬轿子的苦力一样，不吃饭行，不抽烟不行。仗打败了，交枪可以，交烟枪不行。

按照云南军阀龙云的公子（也是龙云的爱将）龙绳武的说法，抽大烟对部队的战斗力其实影响不大。过足了瘾，打仗特别疯，如果战斗正在进行中，士兵也知道不打完抽不上烟，所以往往会拼命地打。另外一个好处就是抽烟可以治病，西南地区乃烟瘴之地，各种病特多，抽烟人在这方面感觉好得多。

龙公子是法国圣西尔军校的毕业生，可是在大烟问题却不按操典说话，其实抽烟对士兵的战斗力还是有影响的。虽然抽大烟跟吸食（注射）海洛因不一样，但也是吸毒，只不过对身体毒害的过程要慢一些。不错，一般的头痛脑热，瘾君子是不得的，在军队里有了病，同僚们首选的方法是劝你吸烟，不分官兵，都是如此。但用鸦片来治病，在当时的条件下治死的也很多，特别是当患痢疾的时候用鸦片治，一治一个死。悬赏烟土五两，固然可以激励士兵冲锋，但定期的烟瘾发作毕竟是双枪兵的阿喀琉斯之踵，只要对方了解了行情，在瘾发或者过瘾的时候攻击，部队多半是要崩溃的。红军第四方面军入川总是打胜仗，跟摸清了川军的烟瘾规律不无关系，这一点看看《徐向前的回忆录》就知道。

所以，随着军阀混战的烈度增加，大家一致的看法还是不抽烟的好。在这个认识前提下，中国军队的双枪兵和双枪将们总量一直在减少。抗日战争爆发以后，无论是川军还是滇军，将领们纷纷带头戒烟，要一雪内战之耻，所以战绩相当不错。与此同时，中国的烟文化也开始衰败，公共场所烟具逐渐销声匿迹，虽然抽大烟的人还有，但已经转入地下，不再是一种炫耀了。

对毒与赌的另一种期待

养儿子都希望他出息，古今一个道理。苏东坡做诗，说是"但愿生儿愚且直"，那是气话。不过，在中国，还真就有不希望儿子成材的父母，对他们来说，儿子不出去惹事，不做特别厉害的败家子，就足了。这样的父母，一般都小有家资，膝下的宝贝儿子如果不是玩了命地败，估计一时半会儿败不光。他们的培养儿子的办法很独特：教儿子抽鸦片。

在清末民初的北京，这样的人家还真不少，好好的孩子，刚长成个模样，就把烟枪拿来，非让熏一口，不大工夫，孩子就成了烟鬼，每天不吃饭行，少了"福寿膏"（当时人对鸦片的雅称）万万不能。有了这口嗜好之后，精神萎靡，身子骨长得跟衣服架子似的，成天大门不出，二门不进，瘾大的可以昼夜都待在床上，吃喝拉撒不挪窝，经年累月不出门。这样的儿子，按说是废了，但是有一样好处，那就是不可能出去惹是生非，当然也不可能出去干"大事"，比如大笔的买卖（一般都是吃人骗），追歌星，泡戏子，甚至下海玩票。他们的家长，要的就是这个效果。好在那个年月，鸦片没有现在值钱，即便天天消费，也耗得起。

军队是用来打仗的，但是也有军队的首长，不仅不指望手下的军人打仗，只希望他们不生事，只要当兵的老实待在军营里，就阿弥陀佛。清朝的道光年间，广州的水师很是剽悍，可惜只表现在上岸以后，在水里的时候跟绵羊似的，连鸦片走私船都打不过。在岸上的剽悍也是剽悍，包娼包赌，寻衅闹事，动辄插刀子放血，连八旗驻防兵都敢惹。水师的领导，很是发愁，因为乱子一大，自家的官位就不保，总得想个办法，把这些丘八爷拴住才行。

于是，也不知是哪一任的水师提督帐下的师爷想出来一个绝招——开彩赌博，立一个花会，有几十种花头，任参赌的人下注，每天开彩两次，每次都有一两种花头中彩，每注额度不大，押中的就可以有几十倍的利益（是今天六合彩的祖先）。这样一来，果然把水师士兵牢牢地吸在了军营里，安静了许多。

安静了儿子和安静了的士兵，都成了废物，但却都实现了他们各自"领导"的期待。别误会，古代的人也是人，跟我们现在差不多，当年的领导没有吃错药，这样的期待，其实是形势逼出来的，不是说，形势逼人强吗？

引导儿子吸鸦片的，多系八旗中人，而且是有头有脸的那一帮，什么王爷、贝勒、贝子和将军、云骑尉什么的。到了大清快要不行的当口，这些人家的子弟，多半都不学好，教也教不明白，改也改不过来，没出息待在家里还好，一出来准惹事败家，眼看着家里的那点儿底已经薄了，皇上的铁杆庄稼也靠不住了，打算多过两天富裕日子，想来想去，也就只有把孩子圈在家里这一招。八旗人家开了头，后来北京的小康之家也跟着学，不求有功但求无过，怪事干得人多了，也就见怪不怪，反倒显得咱们老北京厚道。

广东水师也是这样，到了道光年间，距离打台湾已经过去了一百多年，承平日久，陆上的绿营还说不定有个土匪和造反的农民需要剿，水师则连这点儿事都没有。没事儿做，却有走私者的贿赂可以享用，饱暖思淫欲，不闹事才怪！凡事积习已久，成为大家共同的习惯性行为就难改了，除非把这个群体整体换掉——显然，这是谁也做不到的。因此，做领导的，为了自己在任期间的太平，开花会赌博，倒也不失为一种"理性选择"。

咱们中国人的老祖宗真是高明，老早就造出了"饮鸩止渴"这个成语。对于得过且过的领导来说，不出乱子是做事的原则。况且，这个"鸩"（毒药）又不是自己喝下去，混一天算一天，如果侥幸混过了，管他以后洪水滔天。

张氏父子头上的光环

北洋军阀都是白鼻子的角色，不仅挨批，还要挨骂。而北洋军阀中，某些角色由于出身和表现的缘故，在一般人看来印象则格外差，奉系军阀张作霖、张学良父子便是其中的一对。

当年土匪出身的军阀不少，但最出名的两个一南一北，南有干帅（广西军阀陆荣廷，字干卿），北有雨帅（东北军阀张作霖，字雨亭）。相比较起来，陆荣廷昙花一现，很早就从政治舞台上消失，而张氏父子则纵横天下几十年，1924 年以后还当了北京政府将近四年的家。身材瘦小、其貌不扬的张作霖最后还做了一回安国军军政府的大元帅，按他的爱将吴俊升吴大舌头的话来说，也算是当了一回皇帝。

不过，在当年，张作霖这个胡帅却没有什么口碑。同样是动静大的军阀军队，直系的吴佩孚、冯玉祥的兵，甚至段祺瑞的西北边防军在老百姓眼里的印象都比奉军好。道理非常简单，奉军的纪律差，军队里收编的土匪痞棍多，走到哪里都免不了鸡飞狗跳。这种状况一直到张作霖被日本人炸死，轮到张学良当家也没有多少好转。著名的"三不知"将军张宗昌就是奉系的大将，在他统治山东期间，发的军用票不计其数，收编的土匪也不计其数，他和部下糟蹋过的女人也不计其数。

在北洋军阀的统治史上，从袁世凯、段祺瑞、曹锟、吴佩孚到张作霖，数张作霖的统治最横暴。1925 年，奉鲁联军南下江南，一路上张宗昌的白俄兵烧杀淫掠，无恶不作，最喜欢的事是抓住小脚女人，逼着她们光着脚乱跳。张宗昌占领上海之后，几乎把个上海变成了国际贩毒中心，肆无忌惮地公开贩毒。来自豫西土匪孙殿英，感觉跟谁干都没有跟张宗昌顺心。江南连一向送往迎来的绅士们都受不了这些蛮军，怨声载道。所以，当势单力薄的孙传芳一发难，群起响应，势如破竹地将奉鲁联军打回了北方。

一般来讲，虽然说军阀大多不懂民主政治，但几茬统治军阀在基本人权、言论自由以及尊重教育的自主方面，大体上都能做到不越界。尽管报上骂的有，批评的更是不少，但很少有军人出头对记者和报馆加以干涉，更谈不上查封报馆，抓人杀人。至于大学，一般都不管，一任教授治校，爱教什么教什么。但是，奉系当家之后，一切都变了。北京各个大学，包括北京大学，都派了奉系钦定的校长，必须尊孔读经，而且命令师生都得听话，如果不听话，用张作霖的话说，刘邦约法三章，我就一章，不听话就枪毙。名记者邵飘萍、林白水都死在奉军的枪下，北京著名的报纸——《京报》和《社会日报》都被查封，邵飘萍被捉后，连个回转的时间都没有就被枪毙了，林白水被张宗昌抓到宪兵司令部之后，情况稍好，营救的人还来得及前去说情。但等到张宗昌答应放人的时候，林白水却已经命赴黄泉了，什么法庭，什么审判，全都省了，连做样子的形式都没有。

张作霖在黄姑屯炸死之前，所做的最轰动的一件事，是从苏联大使馆里搜出了李大钊等几十个共产党人，然后把他们送上了绞架。这具绞架现在还保存在中国革命博物馆里，但李大钊的大名已经远不及张作霖响了。当然，北洋时代奉军的坏名声大多应该记在张作霖名下，但张学良也不是一点儿关系也没有，比如杀邵飘萍就是张学良的事。杀了之后，张学良还出面发表声明，说是讨赤（主要指反共）的需要。

张学良是个民国史上的传奇人物，人称他总做令人大跌眼镜的事情，每每出人意料。1928 年，一改从前奉系凡是失败出关就宣布"独立"，跟中央政府对着干的惯例，出人意料地宣布"易帜"，归顺国民党政府。1930 年，当蒋（介石）冯（玉祥）阎（锡山）中原大战打得难解难分的时候，他突然冒出来宣布调停，实际上是从背后插了冯阎一刀，全不顾兔死狐悲、同病相怜的情谊，结果导致冯阎一败涂地。1931 年，日本关东军发动"九一八"事变，在人们都认为家仇在身的他能抵抗的时候他却一枪不发拱手让出了东北。1936 年，在蒋介石对他已经十分信任的情况下（因为张学良前面帮他的两件事），出人意料地发动兵谏，扣押了来到西北剿共前线督战的蒋介石，制造了震惊中外的"西安事变"。

张学良是民国四公子之一，传说中的四公子有好几个版本，但每个版本都有他。他没读过多少书，却不满 20 岁就当上了少将旅长，未及 26 岁，已经是奉军的上将方面军司令。他好网球，好走马，好剑术，还好驾驶飞机冒险，尤其爱美女。跟当时的名媛娇娃、歌星影星都有交往。晚年曾对人说道，他平生无憾事，唯一好女人。实际上，我们的张大公子由于长期的优遇生活，过早的拥有权势，养成了率性而为的脾气，不拘礼法，放浪形骸，性之所致，可以无法无天。民国的四大公子，多少都有点这样的毛病，大少爷，超级大少爷。率性而为，胆子大，天都可以捅个窟窿，当然可能做点好事，但也很容易把事弄砸了，一砸就砸个大的。

此人在历史应该说做过一些好事，比如易帜，比如办东北大学，但无论如何都属于大节有亏之人。身为东北地方的守土长官，居然在日本人发动侵略的时候，下令不抵抗，无论如何掩饰都说不过去。当时，东北军虽说在关内有十余万人，但根据地东北依然有二十余万，发动事变的关东军事先并没有得到日本政府的同意，因此只有一万多兵力。事变后统计，东北一共损失飞机 300 余架，战车 26 辆，各种火炮 300 多门，其中重炮 200 多门，轻重机枪 5864 架，步枪 15 万支，手枪 6 万支，有这样强大的武力，无论如何，都堪一战，居然拱手把大片国土让人，实在是不可思议。纵使不论家仇国恨，民生涂炭，经此事变，作为军阀的他老家没了，家底没了，就算没有父亲被人炸死之仇，为了自己的根据地，为了自己的财产，也该一战，可是他却没有（有材料说，"九一八"事变，张学良家产损失金条 8

万余条，超过了当时东三省的官银行的全部损失，一方面可见损失之惨重，一方面则表明张氏父子在东北搜刮之烈）。这样的军人，我们说他什么好呢？"九一八"事变的过失，过去我们的史书一直是算在蒋介石身上的（现在很多书依旧这样说），说是蒋介石下令让他不抵抗，甚至还像煞有介事地说什么不抵抗的电报一直藏在张学良的夫人于凤至身上。其实，张学良本人一直都承认，不抵抗是他自己的决策，现在的档案也证实了这一点。而且，早就有学者指出，即便是蒋介石让他不抵抗，以当时他实质上属于独立军阀的身份，在涉及国家和自身利益的时候，也完全可以"抗命"不遵。所以，"九一八"事变后的不抵抗，只能是他的责任，赖不到别人头上去。

对于一个人来说，尤其是负有重大责任的人，某些错误是不能犯的，一犯就是千古罪人，百身莫赎。其实，这个错误固然可以有很多解释，比如错误判断形势，盲目相信国联等，都不足以令人采信。一个军人，在守土有责的大节上犯错，无论如何都是不可原谅的。跟他同时期的许多军阀，甚至后来投降日本的那些人称杂牌军的将领，也都在日本侵略之初做过抵抗，后来投降往往有情势所迫的原因。当时的张学良，确实不像个军人，相当颓废，大烟抽抽，吗啡扎扎，整天在歌厅、酒楼、戏院、胡同鬼混，萎靡到了部下都看不过去的地步。"九一八"事变当晚，他正带着夫人于凤至和赵四在前门外中和戏院看梅兰芳的新戏《宇宙锋》，以至于参谋副官半天找不到他。后来马君武的诗——《哀沈阳》："告急军书夜半来，开场弦管又相催。"——其实也不算完全冤枉他。显然，当时的人们和舆论并不像新中国成立后人们那样看张学良"九一八"事变之后，声讨声铺天盖地而来，各行各业的人们都在骂他卖国，骂他无耻。最有名的是马君武的两首仿李义山（李商隐，字义山）的《北齐》诗，其一："赵四风流朱五狂，翩翩蝴蝶正当行。温柔乡是英雄冢，哪管东师入沈阳。"其二："告急军书夜半来，开场弦管又相催。沈阳已陷休回顾，更抱佳人舞几回。"上海的报界还传说，德国有报纸提议把本年度的诺贝尔和平奖授予张学良，奖励他维护东亚以及世界和平的贡献，极尽讽刺挖苦之能事。因此，那个武力决定一切的年代，拥有几十万大军的张学良，不得不在1933年下野出国，可见当时他的不得人心。

后来的历史书写，把这个经历也说成是蒋介石找来张学良，要他替自己顶罪，张学良出于义气答应了。无疑荒唐透顶，既然当时人们并没有像后来一样，认为丢失东北是蒋介石的过错，蒋又何必要张来顶罪？实际上，后来之所以出现那么多为张学良开脱的历史解释，原因只有一个，那就是"西安事变"。因为"西安事变"，张学良成了民族英雄，一白遮百丑，所以，他之前的所有作为，哪怕非常不堪的作为都有了借口，甚至有了正面的意义。

不仅如此，小张的功劳还泽及老张，张作霖也因此父借子贵，变得十分光鲜。大概有很长时间了，大陆出的几乎所有有关张作霖的历史传记、小说、戏剧、影视作品，其形象都相当的高大，几乎接近样板戏三突出的标准。连他当"胡子"的历史都变得非常具有正面价值，人家的土匪是打家劫舍的买卖，他这个土匪则是仗义疏财、救人危难的侠义道。张作霖接受招安的时候，出卖朋友的事情没有人提了，如果提的话，也是对方不讲道义，招安时，新民知府问他为什么招安，他回答说为了升官发财。当然，这个话茬也不能提了，人家为土匪也好，做官兵也好，都是为了老百姓。辛亥革命时，对抗新军，捕杀革命党人的事，也不能提了。至于捕杀李大钊，后来基本上也没有人提了，不信现在去问哪怕历史系的学生，恐怕都不一定知道有过这么一回事。最可笑的是，为了给张作霖脸上贴金，这些作品还不惜制造出一件又一件张作霖如何对付日本人、反抗日本侵略的传奇故事，传得跟真的一样。当然，张作霖是没有签多少卖国条约，但也没有为中国挽回多少权益，而且在口头上答应过日本人许多不该答应的东西（否则日本关东军为什么会在郭松龄反奉的关键时刻帮他），也正是因为他答应了又没有完全践约才被关东军炸死。张氏父子在东北的统治就是在诸多军阀中，其实只能算中等偏上，虽然搞了一些建设，但留下来的像样的东西不多，最宏伟的建筑大概要算大帅府和将军林（张作霖的墓地），比起山西的阎锡山，广西的李宗仁、白崇禧，云南的龙云都还差点意思。更要命的是，他们父子在关外却几乎一点儿好印象都没有留下，只有战乱、破坏和由此造成的哀鸿遍野。

显然，我们现在的历史叙述和文艺作品对这对父子的颂扬，已经大大超出了他们本来应该有的地位，在他们身上添加了太多的神话，这父子俩已经完全被罩在闪亮的光环里。固然，对于影视作品为代表的文艺创作而言，张氏父子的经历如此具有传奇色彩，的确提供了很多的"说事儿"空间，但一味地美化也实在不正常。誉美自己所喜爱的人，是人的天性，只是这种天性不好滥用在历史评价上。否则，我们的历史学家就变成了护犊子的家庭妇女，追星的少男少女。谁都知道，这种家庭妇女加追星少年式的历史书写，对所有想要了解历史的人来说都是毒药。最后要说的是，虽然我们这边对张学良深情款款，赞美有加，但晚年的张学良却并不买账，宁肯客死万里之遥的他乡，也不肯叶落归根，回到自己的父母之乡。大概，其中最大的障碍令张学良最担心的，恰是这种铺天盖地的不虞之誉。

世纪末的看客

长期以来，我们的历史教科书里，凡是提到了下层老百姓，文字总是一片光明，尊称为"人民群众"或者"劳动群众"。坏事自不必说，有反动派兜着，连动摇和软弱都只属于民族资产阶级。然而鲁迅却告诉我们，令我们一向景仰的劳动人民有一个非常令我们尴尬的习惯：当看客。无论是砍头还是枪毙，无论是杀强盗还是杀革命党，他们都看得津津有味，鲁迅先生就是因为受不了这个，因而弃医从文。

义和团运动是19世纪末由下层老百姓闹出来的一件大事，曾经得到了新中国成立以来以来历史学界的最多的称颂，老百姓的反帝爱国热情被史家一支又一支如椽的大笔煽得红红火火，恍惚就在眼前。然而，在真实的运动中，有热情如火领头闹拳的，也有没事儿跟着起哄的，而冷漠的看客其实不在少数。《王大点庚子日记》就给我们展示了一个看客的标本。

王大点是当时北京五城公所的一名差役，身份相当低贱，属于不能参加科考的下九流，但由于干的是"警察"的活计，所以日子过得还可以。此人粗通文墨，文字鄙俚不堪，可是挺爱动笔，每天都要记点什么，由于没有文人那么好面子，所以相当的客观，竟然连自家那点偷鸡摸狗的事儿也都照记不误。义和团运动期间，他老人家每天都出门闲逛，四处看热闹，他看义和团焚香拜神，也看清兵和义和团攻打使馆；他看义和团把"二毛子"剁成肉酱，也看有人乘乱抢劫他。他不仅看，而且跟在后面顺手牵羊，哪怕捞一块木板也是好的。他看过朝中的"持不同政见者"立山、联元和徐用仪被砍头，也看过被义和团抓的白莲教——实际上是无辜的老百姓成排地掉脑袋。甚至当八国联军打进城来的时候，他依旧出来看热闹，而且趁乱大捞一把，跟着众泼皮人等从主人逃走的店铺里抢得土麦子、皮衣和铜钱若干，连他看不懂的旧书也没有放过，划拉了一大抱回家，任凭子弹乱飞，好像根本就不知道害怕为何物。义和团内讧打起来，他"跟踪采访"，洋鬼子抓中国人用辫子拴成一串牵着走，他"跟同赴烂肉胡同湖南馆公所发落，瞧了半天"。洋人抓住义和团枪毙，他还是看。他的日记里经常可以看到掩饰不住兴奋的语句："今日看热闹不少。"只有八国联军刚破城的时候，烧杀抢掠，北京城一时间没处买米买面了，他才感到有点恐怖，用他所知道的所有能表示害怕的词语堆了一句："由此忧虑畏害怕惧胆惊。"接下来几天没写一个字，看来的确有点儿吓着了。

已经刊布的义和团期间的日记还有一些，比如《庚子记事》、《缘督庐日记》、《遇难日记》等。这些由读书人写的日记，对所发生的事儿多多少少都会有点儿感慨、评价乃至义愤，可是王大点没有。他的文笔冷得惊人而且吓人，如陈叔宝全无心肝。看无辜的妇女儿童被剁成肉酱，他没感觉；看见人活活被烧成焦炭，他也没感觉；看清兵和洋鬼子烧杀奸掠，他还是没感觉。在此公的眼中，所有惨无人道的事情都不过是场热闹。似乎更令人气愤的是，此公居然毫无民族感情，洋人占了北京，他不开展游击战争也就罢了，连一点反抗的表示也没有，居然很快就和洋人做起了交易，还多次为洋鬼子拉皮条找妓女，从中捞点儿好处。当然也不是说洋人对他很好，老先生也吃"洋火腿"加耳光，洋兵也曾光顾过他的家，抢过他的东西，不知道为什么竟然没一点儿义愤。此公干得最对不起洋人的事儿大概就是经常带美国兵去找酒喝。当时美国禁酒，美国兵见了酒就像苍蝇见了血，比见女人还亲，每次都喝得酩酊大醉，结果回去吃长官的责罚。对于王大点来说，义和团运动和八国联军入侵对于他来说只有两件事有意义：看热闹和占便宜。至于热闹从哪儿来，便宜在哪儿占，都不要紧。只要有这两样存在，即使有生命之忧，他也会冒出来。一场我们教科书上讲得轰轰烈烈的反帝爱国运动，一次悲惨壮烈的帝国主义入侵，在王大点眼里，只不过是平添了些看热闹和拣便宜的机会而已。

平心而论，王大点倒还算不上是坏人，在这场大动乱中，他没有伤害过任何一个人，顺点儿东西也是在别人动手之后拣点儿剩下的。他不帮义和团，也不帮教民，其实也不算是帮过洋兵。虽说有点儿好贪小便宜，但洋人占了北京之后，他熟识的街坊邻居中有做过义和团的，吓得不敢出门。他既没有向洋人告发（至少可以捞几文赏钱），也没有借机敲诈（以他衙役的身份，完全可以）。显然，此公一要比义和团兴盛时，本来跟教民没什么仇怨，比只听说现在杀教民可以不用顶罪就跟着胡杀乱砍的人强（可参见《拳时北京教友致命》）；二要比那些洋人来了以后，"西人破帽只靴，垢衣穷裤，必表出之，矮檐白板，好署洋文，草楷杂糅，拼切舛错，用以自附于洋"（见《义和团》第一册，289 页）的市民强。从某种意义上说，他的道德水准甚至不比所有舞刀弄枪的义和团大师兄都差（因为不少大师兄二师兄后来都投靠了洋人和洋教）。

统而言之，王大点只是一个非常普通的老百姓，在义和团运动的前后，像这样的老百姓其实是社会中最多的。当然，也就是这些老百姓中的大多数，每每令先进的知识分子头痛不已。当年鲁迅在日本仙台学医时看的纪录片上，那些傻呆呆地看日本人杀中国人头的中国人，大概就是王大点的同类。这些人如果没有点实质性的变化，那么任凭先知先觉们怎样呕心沥血，中国的事总是难办。

高人指点

　　眼下是出高人的时候。几年前就老是听说哪个哪个地方官找高人卜卦，经高人指点，修了条本来可修可不修的路，盖了幢可盖可不盖的楼，甚至改了本来不该改的政府大门，结果官运亨通。开始还有点儿不信，架不住总是类似的消息传来，有的还见了报，最后发现连自己认识的一些官员也搅在找高人、占卜、改动外部环境以求升官发财的三部曲里，不由你不信。只是我认识的人，并没有谁真的亨通起来。

　　人有没有命运？人的命运能不能靠当事人弄点儿小花招就变得面目皆非？说不好。不过，这"高人指点"的事，倒是让我想起在不太远的过去曾经发生过的一个故事。20世纪30年代，统治广东的南天王陈济棠心高志广，对屈居于蒋介石国民党中央政府的名下一直心有不甘。这时候高人出现了，告诉陈济棠，如果把你家祖坟迁个好地方，肯定不会屈居人下。见陈动了心，高人进一步支招，说是洪秀全家的祖坟风水特好。于是，南天王一声令下，洪家的祖坟动迁，陈家祖宗的枯骨鹊巢鸠占。迁了祖坟之后效果如何，史无记载，但至少陈济棠没有升官是可以肯定的。时间到了1936年，得到广西李宗仁、白崇禧怂恿和祖坟搬家双重鼓舞的陈济棠，在准备公开反蒋但又举棋不定的时候又想起了高人，于是请高人扶箕，请神说话，忙活半天得箕语四个字：机不可失。于是乎南天王心雄胆壮，打出反蒋大旗，兴兵北伐。可是兵尚未动，陈济棠赖以自豪的广东空军一股脑儿反出南天，飞到了南京。接下来，他名下的陆军也相继离散，南天王变成孤家寡人，只好夹起细软走人，躲到了香港。到了这个时候，陈济棠才悟到，原来"机不可失"的意思是飞机不可失。既然如此，那高人为什么不早说呢？再找高人，高人已杳如黄鹤，其实就是找到高人也没有用，人家会说天机不可预泄。

又过了几年，太平洋战争爆发，日军进攻香港，在重庆的国民政府派飞机来香港接知名人士，其中就有陈济棠。大概老蒋是担心陈济棠跟日本人搞在一起对他不利，可是同在香港的孔二小姐偏不领会姨夫的心机，硬是把上了飞机的昔日南天王扯了下来——因为飞机要运她的狗——德国黑贝。唉，如果当初不听高人指点，南天王何至于命不如狗。

古人云，国之将兴听于民，国之将亡听于神。其实，一个家族，一个团体，都是如此——不，古人的话需要修正一下，实际上不是听于神，是听于高人。

瞄准射击

瞄准射击是步兵进入火器时代的基本要领，可是这个要领，中国人掌握起来很是费了些功夫。引进洋枪洋炮是中国现代化的起点，在这个问题上国人一直都相当热心而且积极，即使最保守的人士，对此也只发出过几声不满的嘟囔，然后就没了下文。闹义和团的时候，我们的大师兄二师兄们尽管宣称自家可以刀枪不入，但见了洋枪洋炮，也喜欢的不得了。不过，国人，包括那些职业的士兵，对于洋枪洋炮的使用却一直都不见得高明。

淮军接受了洋枪队的全部装备，也接受了洋操的训练，连英语的口令都听得惯熟，唯独对于瞄准射击不甚了了。1860 年，一个英国军官来访，在他的眼里，淮军士兵放枪的姿势很有些奇怪，他们朝前放枪，可眼睛却看着另一边，装子弹的时候，姿势更是危险，径直用探条捣火药（那时还是燧发的前装枪），自己的身体正对着探条。

过了 30 余年，洋枪已经从前装变成更现代的后膛枪，而且中国军队也大体上跟上了技术进步的步伐，用后膛枪武装起来，可是士兵们的枪法却进步得有限。拳乱时，攻打外国使馆的主力其实是董福祥的正规军，装备很是不错，从现存的一些老照片看，董军士兵大抵手持后膛枪，而且身上横披斜拉，挂满了子弹。可是，据一位当时在使馆的外国记者回忆，在战斗进行期间，天空中经常弹飞如雨，却很少能伤到人。由此看来，1 万多董军加上数万义和团，几个月打不下哪怕一个使馆，完全是可以理解的。董福祥的军队如此，别的中国军队也差不多。庚子前五年（1895 年），中日甲午之战，北洋海军的表现大家都骂，其实人家毕竟还打了一个多少像点样的仗，而陆军则每仗则北，从平壤一直退到山海关，经营多年旅顺的海军基地守不了半个月，丢弃的武器像山一样，威海的海军基地周围，门户洞开，随便日本人在哪里登陆。当时日本军人对中国士兵的评价是，每仗大家争先恐后地放枪，一发接一发，等到子弹打完了，也就是中国军队该撤退的时候了。当年放枪不瞄准的毛病，并没有多大的改观。

进入民国，中国士兵脑袋后面的辫子剪了，服装基本上跟德国普鲁士军人差不多了，建制也是军师旅团营连排了，可不瞄准拼命放枪的喜好却依然故我。张勋复辟，段祺瑞马厂誓师，说是要再造共和，讨逆军里有冯玉祥的第十六混成旅，曹锟的第三师，李长泰的第八师，都是北洋军的劲旅，对手张勋只有五千辫子兵。英国《泰晤士报》记者、中华民国总统政府顾问莫里循目睹了这场战争，他写道："我从前住过的房子附近，战火最为炽热。那天没有一只飞鸟能够安全越过北京上空，所有的枪几乎都是朝天发射的。攻击的目标是张勋的公馆，位于皇城内运河的旁边，同我的旧居恰好在一条火线上。射击约自清晨五时开始，一直持续到中午，然后逐渐减弱，断断续续闹到下午三时。我的房子后面那条胡同里，大队士兵层层排列，用机关枪向张勋公馆方面发射成百万发子弹。两地距离约一百五十码，可是中间隔着一道高三十英尺、厚六英尺的皇宫城墙。一发子弹也没有打着城墙，受害者只是两英里以外无辜的过路人。"最后，这位顾问刻毒地向中国政府建议，同意一个美国作家的看法，建议中国军队恢复使用弓箭，这样可以少浪费不少钱，而且还能对叛乱者造成真正的威胁。

中国军队，自开始现代化以来，所要对付的对手，基本上是一些处于现代状态的叛乱者，双方碰了面，只要一通洋枪猛轰，差不多就可以将对方击溃。可是碰上也使用洋枪洋炮的对手，这套战法就不灵了。问题在于，屡次吃过亏之后，战法并没有多少改善，轮到自己打内战，双方装备处在同样等级，仗也这么打。讨逆之役，双方耗费上千万发弹药，死伤不过几十人。1920年直皖大战，动用20多万兵力，打下来也就伤亡200余，真正战死的也就几十人，四川军阀开始混战的时候，居然有闲人出来观战，像看戏一样。不过，打着打着，大家逐渐认真起来，终于枪法有人讲究了，毕竟不像清朝那会，对手净是一些大刀长矛。洋枪洋炮对着放，成者王侯甜头不少，所以在竞争之下，技术自然飞升。到了蒋介石登台的时候，他居然编了本步兵操典之类的东西，重点讲士兵如何使用步枪，从心态、姿势到枪法，尤其强调瞄准射击。从士兵的枪法来看，中国的现代化真是个漫长的过程。

历史在大学转了一个圈

我曾经说过，历史的好玩之处在于，它不见得总是推陈出新，而是经常旧戏重演，演员虽然变了，但戏的内容却依然如故。有的时候连戏名都换了，曲牌也不讲究，乱七八糟，但是细听听，还是那个老调子，连台步都按老规矩走得一板一眼。

按道理，旧戏重演，靠的是演员一辈辈地心口相传。过去唱戏的师傅，除了教徒弟唱念做打，就是口授几出戏，肚子里的戏越多，师傅就越值钱。但是，历史上的旧戏重演，却没有师徒相授，可一样传得真、演得像，看来，咱们中国人的历史，背后有一个老是重复的大脚本。

蔡元培先生以北大知名。北大的前身，是京师大学堂。蔡先生回忆说，在他接掌北大之前，京师大学堂的遗风犹存，学生在学校，不是为了求学，"只要年限满后，可以得到一张毕业文凭。教员是自己不用功的，把第一次的讲义，照样印出来，按期分散给学生，在讲坛上读一遍。学生觉得没有趣味，或瞌睡，或看看杂书。下课时，把讲义带回去，堆在书架上。等到学期、学年或毕业考试，学生就拼命地连夜阅读讲义，只要把考试对付过去，就永远不再去翻一翻了。要是教员通融一点，学生就先期要求教员告知他要出的题目，至少要求表示一个出题的范围；教员为避免学生的怀恨与顾全自身的体面起见，往往把题目或范围告知他们了"。学生的另一个毛病是，专门研究学术的教员，并不见得受欢迎，"考试严格一点，他们就借个话头反对他，虽罢课也在所不惜。若是一位在政府有地位的人来兼课，虽时时请假，他们还是欢迎得很，因为毕业后可以有阔老师做靠山"。为什么会这样呢？因为前蔡元培时代的大学，是前清衙门转来的，清朝的大臣，奉旨办学，办的就是官学。京师大学堂原来只招进士，科举停办，大家都把大学堂当成翰林院，毕业生就是翰林。以至于有个大学究陈汉章，大学堂请他去教书他不干，非要去做学生，为的就是日后可以做"翰林"。因此，习惯上，学生被称为老爷，而监督（校长）及教员都被称为中堂或大人。

不幸的是，时隔90年，北大已经庆祝过自己百岁诞辰，眼看就要过110岁生日了，我们大学里的学习景象，居然跟前蔡元培时代的北大如此相像。教师一份讲义打天下，通吃多少年，纸黄页烂不肯换，倒是可以评节约标兵。比那时进步的是，老师不发讲义，要靠学生当堂记笔记。学生们平时不烧香，考前磨着老师要考试范围。老师不肯给的，临阵磨枪，狂背笔记，上课缺课多的，则借同学笔记复印完了再背。老师肯通融的，则师生皆大欢喜，掌声雷动。对于相当多的学生而言，最好的老师，就是那些上课不负责、考试宽容放水的老师。他们不在乎学到了什么，只在乎那张毕业文凭。连当年学生对教师的态度都在重演。认真负责而且有点学术水平的老师，不见得真受学生欢迎，而那些在政府里身居高位、或者曾经身居高位的人，无论在学校里做兼职也罢，来挂名也行，都无一例外地受到热捧。哪个学校那些兼职的博导们，都有最多的人报考，得以厕身高官或者曾经高官的门墙之内，不仅在"毕业后可以有阔老师做靠山"，而且毕业的当口，就有若许进入仕途的便利。官大学问大，不仅在大学体系内是颠扑不破的铁律，也得到相当一部分学生的认可。稍有不同的是，学生不再是老爷，他们已经变成了听话的良民和不听话的刁民，老师类似于三班衙役，而管理人员则是六房书吏，我们的校长和院长，则是不折不扣的大人，青天大老爷。

中国的大学，走过了百多年的历史。曾经，我们的大学已经走出了文凭时代，这个出走，是以蔡元培北大的改革为标志的。可是到今天，我们居然又转了回来。奇怪的是，在已经早就不包分配的情况下，学生对于学校的要求，还只是文凭，而学校方面对于教学学生如何适应社会需要，也没有多少改进，甚至感受不到改进的压力。社会对于大学的期待，好像就是一个盖章发文凭、戴方帽子的所在。

西方总是在嘲笑我们历史的循环论，但是，中国的历史还就是总是在转圈，转一个，又一个。什么时候，我们能从这圈里走出来，而且永远不再钻进去呢？

顾和尚和他的法术

二十世纪的二三十年代，有一号神龙见首不见尾的神秘人物在湖南出没。有时是轻车简从的白衣秀士，有时则是几十个马弁副官护拥着的达官，还有时则变成了登坛说法的大法师。知道他的人都称他顾老师（当面）或者顾和尚（背后），湖南军政各界都对他优礼有加。不过，此公的家世、来历、籍贯，即使跟他关系最好的人士，也弄不清楚，大家只知道此公姓顾，名伯叙，法号法长或者净缘，其实，这些信息也可能是假的，真实的顾和尚到底是什么样，也许只有他自己才知道。

顾和尚没有剃度，一副俗人模样，据说是密宗居士，精通灌顶之术，大概欢喜禅、明妃双修之法也同样精熟。不仅如此，顾和尚扶箕打卦无一不精，麻将牌九样样通晓，也可以吟诗作赋。因此，顾和尚妻妾众多，而且荤腥不忌，社交场合鱼肉海鲜，莺声燕语，顾和尚如鱼得水，衮衮诸公咸与共和，在湘军将领里大有人缘。不过，人家顾和尚真正帮的人还是唐生智。在省内省外军阀的武打与文攻之中，唐生智从一介小旅长，挤垮湖南士官系，最后借北伐军之势囊括两湖，顾和尚的运筹帷幄、摇羽毛扇，其功不小。最大的手笔要算是1925年让唐的部队全军受戒，变成世界独一无二的和尚军。为了这个，唐生智和顾和尚两个，冲寒冒暑，一个营地接一个营地跑，为每个士兵传戒说法，很是辛苦。当时之世，北有冯玉祥让教士给士兵洗礼，号称基督将军，南有唐生智让顾和尚给士兵受戒，号称和尚将军。只是冯玉祥的洋和尚有很多，而唐生智的土和尚只有顾伯叙一个。

北伐之后，顾和尚不太在唐生智部公开露面了，大概顾及唐生智已经加入国民革命军，不好意思再公开弄宗教迷信。不过，顾和尚其实始终没有离开唐生智，唐生智也始终倚顾和尚如左右手。不过，通过北伐升到事业的顶峰之后，唐生智的好运似乎就不见了，1929年发动反蒋，兵马未动就被蒋介石分化收买，各个击破，等唐生智定睛一看，原来的部下都姓了蒋，只好通电下野。据说，唐之所以如此急切地发动反蒋战事，是因为北伐过程中，蒋作为总司令，在检阅唐的第八军的时候，马失前蹄，摔了下来，因此唐认定蒋肯定要栽在他的手上。在这个过程中，顾和尚起了什么作用？于史无证不好说，但事情过后，唐生智和顾伯叙的关系依然那么好，只是，此时的唐大将军已经没了兵，孙猴子没棒弄了，成了在政府挂闲差的闲人。

唐生智在历史上的最后一次表演，是抗日战争的南京保卫战。本来淞沪抗战结束，国民党的主力已经疲惫不堪，几乎所有的高级将领连同外国顾问都不同意守南京，但蒋介石出于自家脸面的考虑，非要坚守不可，在无人应承的情形下，唐生智慷慨激昂，表示可以承担守将。当然，结果大家都知道，损失惨重。唐的慷慨激昂，据说跟顾和尚的谋划有关。

顾和尚得意的时代是个乱世，乱世是所有人命运无常的时代，所以，像顾和尚这种人虽然身无长技却混得很开，那些让他出主意，以及扶箕打卦的人，即使听了他的话，最后吃了亏，也未必会来找他算账。但是只要蒙对了一两次，大家就会奔走相告，为你做不花钱的广告。从根上说，乱世的人，尤其是混出点名堂的人心里都有病，而且病得不轻，正是这种病才让顾和尚这样的人活得很滋润。

辫帅的人缘和地缘

军阀大抵有外号，张勋的外号是"辫帅"，因为他在进入民国之后，还坚守自己脑后的辫子。其实当时留辫子的军阀还有一些，某些西北的小军阀包括北洋老将姜桂题，都拖着辫子。但只有张勋被称为辫帅，大概由于他不仅自己留，麾下一万多定武军都留辫子的缘故。

张勋在历史上名声不好。在一个进化论主导的时代，痴迷地留恋前朝皇帝，不仅在身体肤发方面身体力行，而且操练出了一场复辟大戏，弄得北京城一时间满街都是辫子，如此作为，想不挨骂，难。不过，国家大事不见得人人都关心，进化论其实只是知识精英的意识形态，中国人看人还是人品、秉性这一套，就当时而言，在某些人眼里，张勋是个憨憨的实心眼汉子。尽管张勋净闹反动的事，军阀圈子里很少有人说他不好。跟张勋关系最铁的要数号称讲义气的胡帅张作霖。张勋复辟之后，成了众矢之的，只有他一直在为张勋说好话，直皖战争后，胡帅在北京政府有了说话的份额，就闹着给张勋平反。当然，秦桧还有两个好朋友，武夫之间的交情也许算不得数，但是北京的梨园，张大帅的口碑也相当不坏，人人都说张勋的堂会给钱多、和气，不耍武人脾气、强人所难。

其实，最喜欢张勋的是江西人，尤其是江西奉新县的人，而张勋的家乡奉新赤田村的乡亲们，不分男女老幼，个个都爱死了他们的张大帅。民国时期北京的江西会馆、南昌会馆，都是张勋建的，奉新的会馆居然建了五个。江西会馆要算是北京最豪华的西式建筑中的一座，不仅有洋楼花园，而且能自己发电，在里面唱戏从来都是灯火通明。在北京求学的江西籍人士，只要求到张大帅名下，没有不给钱，至于奉新的大学生，个个都被张大帅养着，吃穿用度，一切包圆儿。赤田村的老乡，张勋每家奉送大瓦房一座，缺什么，张嘴说话，张大帅管。每逢过年，到张勋驻地徐州的火车上，塞满了江西的老表和老表们的乡音，那是上张勋那里去拜年的喧闹，当然，拜年不白拜，除了白吃白喝之外，还能带点银子走。

在那个时代，但凡是个军阀就都在乎乡谊，曾任山东督军的张怀芝说过，刮地皮也得在外省刮，即使做了土匪也不在家乡作案。湖南军阀何键"非醴勿听,非醴勿用"（何键是湖南醴陵人），阎锡山则"学会五台话,就把洋刀挎"（阎是山西五台人），张作霖"妈拉巴子是路条，后脑勺子是护照"（张是营口人，"妈拉巴子"是营口人的口头禅，而"后脑勺子"是营口人的体貌特征）。在战乱年代，作为一个军事集团的头目，借助血缘和地缘纽带捆绑自己的集团，一点儿都不奇怪，不管怎么说，还是自家人靠得住，所谓的在乎乡谊，就是用自己的家乡人为自己修筑一道坚固的城墙。不过，奇怪的是，张勋对老乡好，却并不让这些人到自己队伍里来做事，换言之，他的辫子军并不是他的家乡子弟兵。也就是说，张勋跟他的同类不一样，他的重乡谊没有多少实用的功利目的在里面。

实际上，尽管张勋混的地位不低，但始终只是一个乡下的土佬，对乡亲施恩既是富贵还乡的另一种表现形式，也是照顾乡里的一种古老习俗。一个外国记者采访过他，回来说张勋绝不是一个政治家，倒更像一条凶猛的看家狗。的确，张勋就是这样的一条愚忠的狗，忠于清室是愚忠，重视乡谊是愚善，所有的感情投放都有一个文化习俗划定的对象，走到哪里，爬得多高，都难以改变。也正因为张勋的"愚"，兵微将寡的他才成了督军团的盟主，自己还以为是众望所归，被大伙"忽悠"得一头扎进了北京，为段祺瑞赶走黎元洪，火中取栗还不自知，以为可以借机实现自己的理想，恢复大清江山，他做"中兴"第一人。待到全国一致声讨，段祺瑞组织"讨逆军"

打回来，才气得直跳脚，不仅丢了作为命根子的军队，还落了个复辟的恶名。

　　这样的张勋，在江西人那里，在奉新县，当然有人缘，即使他后来身败名裂，还是有人念他的好。不过，这样的人缘我们在江苏的北部的张勋驻地却找不到。显然，张大帅的乡情是有代价的，而这个代价是由徐州和海州一带老百姓来支付的。

当代国民性的疼痛

中国人喜欢扎堆，一旦成群结队，举止有时就会有点乖张，一起欢乐的时候不是没有，但一同愤怒或者同仇敌忾，甚至假装同仇敌忾的时候，往往更多。

责任心、职业道德和骨气

关于黄万里先生，我知道的，跟一般人没有什么两样。要纪念他，也许说不出什么更多的话来。但是，还是想说点什么，说点跟自己的身份，一个学院知识分子有关的话题。

说起来，黄万里先生跟现在中国的多数的教授身份差不多，都是体制内的知识分子，拿着政府的工资，做着技术性的事务。虽然，他比我们现在绝大多数知识分子在专业上都优秀，但在身份上，并无本质的区别。我常想，如果今天再出现黄万里先生当年讨论修建三门峡水库那样的政治环境，还会有人站出来提出异议吗？我敢肯定不会，就是有人明白这个水坝不能修，也绝不会有人公开反对，连私下表达异议都没有可能。君不见，当今之时，已经没有被扣政治帽子的可能，更没有被打成右派的机会，一个个的专家论证会，尽管论证的玩意儿很可能荒唐透顶，有谁会说半个不字呢？没有，看在同僚的面上，看在领导的面上，更看在高额的评审费的面上，评审组织者要什么，领导要什么，专家就说什么。

黄万里先生是有骨气的知识分子，这一点没有人怀疑。他的骨气，事实上来源于两个东西，一是作为科学家的职业道德，二是他的责任心。而后者，尤为重要。作为前者，一个真正的科学家，可以没有政治立场，必然会尊重科学常识，尊重试验数据，不能违背自己的学识，不尊重事实而说违心的话，尤其不能为了某种政治目的，说出这样的话。也就是说，如果科学家的研究告诉他这个东西是白的，那么无论在多大压力下，他若把

112

它说成黑的，对他来说，都是一种巨大的良心上的折磨。我相信，当年看出三门峡水库的问题的水利科学家不止黄万里一个，而违心同意苏联专家意见的人，包括后来论证亩产万斤成立的人，内心一定有某种煎熬。但是，真正能站出来说"不"的人，却只有黄万里一个。

我们可以说，黄万里先生作为教育家黄炎培先生的公子，其所受的教育特别好，他的留学经历告诉我们，他的科学素养特别棒，因此他的职业道德感比别的人更加强。但我们也可以说，作为一个刻意报国的科学家，他对于民族和国家以及这个国家的百姓，有着更大的责任感。在当时政治正确的高压下，恪守职业道德，可以选择沉默，也可以选择发表意见后再沉默，但是，他选择的却是抗争，固执地坚持已见。由此而贾祸，在别人看来，的确是太傻了。

从来有责任心、有对国家民族和人民的责任心的人，都是傻子。舍身求法者，为民请命者，都是傻子。一部历史，如果都是见风使舵之辈，都是功名利禄之徒，都是彼可取而代之野心家，那么，历史将变得非常的乏味，非常的无聊。即使人人的身段都非常柔软，手腕都非常的高明，斗得非常精彩，依旧是乏味和无聊。有了傻子，历史才像画龙点上了睛，生龙活虎。尽管历史上的傻子，个个都命运悲惨，但一个民族的历史，却因此而值得称道。

严格说来，没有人能做到完全的无私，但是，如果有了为百姓，为民族，为国家的责任心，就可以做到无私，把个人的成败利钝放在一边。从这个意义上说，黄万里先生是一个无私的人。之所以无私，就是因为他的责任心特别重。当然，反过来，跟黄万里同辈的科学家们，不见得没有职业道德，也不见得没有责任心，但是，为何很少有人能做到跟黄万里一样呢？对此，我们更应该问的是，为何科学家没有一个充分表达意见的场合？为何在科学问题上，还要服从政治目的，让政治压倒科学，让政治家的意志压倒科学家的专业判断？进而把科学上的不同意见变成政治异议，把发表科学异议科学家打成右派。显然，这一点，即使在今天，也是应该好好反思的。

　　显然，虽然国家纠正了过去的错误，改正了右派，但却没有很好地反思这个过于严峻的问题。到今天，政治高压也许不那么严酷了，但来自行政和商业利益上的干扰，依然影响着科学的判断。瞎指挥，依旧盛行，所谓的"交学费"现象，依然日复一日地在中国的土地上重复了再重复。像三门峡水库这样的"学费工程"，还是一个接一个地耸立起来。更加严峻的问题是，科学家们，既没有了职业道德，也没有了责任心。一个个垮掉的工程背后，都有专家的设计论证，但垮掉之后，只消同样一批人再论证一次，证明跟设计无关，跟验收无关，就万事大吉。很少见过有科学技术人员，为了垮掉的工程承担责任的。既然没有了责任，人人都乐得拿钱论证，拿钱消灾。

　　不能说现在的科学技术人员，现在的知识分子没有专业知识，缺少专业技能。但是，他们更缺少的，是一种作为这样一种身份的人的灵魂，一种不可缺少的职业道德和责任心。

中国台湾的"大埔事件"

来台湾之前，于建嵘告诉我，台湾不可能有拆迁这种事。但很不幸，我一到台湾，就劈头赶上一个拆迁——大埔事件。一连好些天，几个电视台都在谈这个事件，事件中有位 72 岁的农妇喝除草剂自杀。

大埔事件，在本质上是政府导向的发展主义的一个结果。大埔在台湾的苗栗县，而苗栗是台湾经济发展比较落后的地区，一个农业县。2008 年，得到压倒性票数上台的县长，思有所为，在苗栗建科学园区，引进产业。台湾的朋友说，在台湾，科学园区是个有魔力的名字，小蒋时代的新竹科学园区的成功，使得这一模式在全台到处开花。其实，现在的好些所谓的科学园区，里面进驻的企业，根本就不是高科技，跟大陆高新开发区一样，有什么投资办什么企业，做鞋做衣服和高能耗高污染的，都可以来。苗栗新建的科学园区，一共新征 100 多公顷土地，多数都是房地产开发，只有一小部分，据说是给郭台铭的企业新奇美建厂用的。恰好就在这一小部分上，出了事。

台湾的农地征用，所使用的法律，是威权时代制定的《土地征收条例》，按这个条例，政府征用的农地，协商价格不成，如果多数农户同意接受征收条件，剩下的钉子户，是可以被强制征收的。理论上，即使这些农户不肯接受征收条件，不交出地契，征收一样可以完成。面对政府的征收，农户一般可以有两种选择，一是按被征收农地的 40% 份额，接受建筑用地，农户有了这些建筑用地，由于建筑用地地价高，理论上农户是可以获利的。二是接受政府认可的土地赔偿金。这种选择一般都比较亏，因为政府给的钱比较少。但是，大埔一带被征收土地的农户，有些人抽到的建筑用地靠近高压线，或者靠近坟地，卖不出价钱。所以，这些人迟迟不肯接受政府的条件，形成了大陆所谓的钉子户。台湾的朋友告诉我，这些农户，不肯接受政府条件，也有不肯放弃祖辈种地传统的意思在里面。

2009年12月，由于征地期限将至，苗栗县政府跟少数钉子户之间的冲突加剧。被征地的农户开始找律师，找公民团体为他们说话，到县政府请愿。但这个时候，整个事件并未引起媒体乃至网络上的重视。

2010年的6月9日，是个转折点。此前的一日，苗栗县政府派人封锁这个地区，贴出告示，宣称征收已经结束，要来整地。这天的凌晨3点，20多台推土机和200多名警察突然闯入，将几十公顷将要成熟的稻子挖掉。当地农民没有抵抗，但是拍了一些视频。事情过后，台湾知名的公民记者，网名大暴龙的人得知这一消息，前去拍摄，也拿到了此前农民拍的视频，经过编辑，制成视频，传到网上。引起网上的关注，几千个网络博客的博主，一起行动，把事件传播开来。虽然，媒体仍然没有跟进，但网络上的讨论，已经热烈地展开，若干公民团体和专业人士，知识分子都开始介入。期间，虽然苗栗县政府还是搞了两次"整地"，但在民众的抗议下，行动有所收敛。民众的抗议高潮，是7月17日3000多人一整天在台湾"总统府"前的凯达格兰大道上"种稻子"。

但是，大埔事件成为媒体议论的话题，却是在进入8月之后，8月3日，一位被征地的农户的72岁的朱姓老太太，在家里喝除草剂自杀。老人的死，使得事件陡然升级，不仅成为媒体议题，而且化为台湾蓝绿争斗的焦点之一。各地的有相关困扰的农民，纷纷组织自救会，各地自救会开始联合。各个关心农村和农民的公民团体则高调介入，甚至组织了精神病医生到大埔做心理咨询，对政府施压。有关的讨论开始深入，此前各地科学园区的问题开始被揭露，诸如环保问题、征地问题、房地产问题都被触及。郭台铭方面的新奇美表示，他们并不需要在苗栗建厂，当初的协议仅仅是个意向，现在建厂用地已经解决。

7月17日，凯道游行示威之后，苗栗县县长对事件造成的纷扰，表示了道歉。但是，政府方面真正的软化，还是在朱姓老太死后。由台湾"行政院"出面，"行政院"和苗栗县政府与农民自救会之间的三方协商，在协商过程中，"拆迁"行动实际上已经停止。最近的消息是，政府方面妥协方案是，征收农民的房屋可以保留，农地可以置换。自救会的代表表示，要跟相关农户再做商议，然后再做决定。可以预料的是，无论结果怎样，都不会再有推土机和警察的强制了。

客观地说，苗栗县政府虽然有点"动机不纯"，征收过程也有些程序上的瑕疵，但整个过程，却并不违法，该走的程序，都走了。而且所谓的拆迁过程，身段也相当柔弱。唯一的强制，就是6月9日的强挖农田，对农户的住房，他们还不敢用强。即使这样，因强挖农田和老太自尽引发的一波又一波的民间抗议，也使得政府不得不退却。这种拆迁，其实核心的问题是不合时宜的土地拆迁条例，这样一个条例，赋予了政府太多的强制权力，而对农民的土地产权过于不尊重。

然而，因大埔事件引发的民间抗议，并没有顺理成章地过渡到修改土地征收条例上去。考究其缘由，虽然这个条例过于蛮横，但发展的硬道理，在台湾拥有广泛的拥护，现在台湾的农业人口只占总人口的8%，农业GDP只占1%，土地征收条例，在台湾只针对农民，都市则另有都市更新条例，因此，占绝大多数人口的都市人，对于废止或者修改土地征收条例不热心。台湾的朋友告诉我，在经济不发达的苗栗，苗栗县政府的做法，实际上得到了本地90%以上居民的认同，在他们看来，科学园区可以带来更多的就业，更多发展。声援大埔农民的，多数都是从台北去的。有这样大的民意支持，苗栗县政府当然不会按很多公民团体的意思，撤销整个原本就不合理科学园区的规划。事件的最终解决，看来只能是一个各让一步的妥协方案。

所以，于建嵘的说法应该被修正，在台湾拆迁也是有可能出现的，只是抗争后的结果，会有所不同。

群体性乖戾的传统

中国人喜欢扎堆，一旦成群结队，举止有时就会有点乖张，一起欢乐的时候不是没有，但一同愤怒或者同仇敌忾，甚至假装同仇敌忾的时候，往往更多。当今之世，扎堆起哄的机会不多，往往很随机，而且不合法，官方称之为"群体性事件"。多少有点合法的，是针对外国的事儿，举着爱国主义的旗帜，理直气壮，官方即使想阻拦，也顾虑多多。网络时代，按道理人与人之间的沟通应该加强，彼此了解增多，但实际上却未必，人们上了网，了解的机会多，误会的机会也多，更要命的是，乐于在网络溜达的人，在现实生活中反而不乐意见人，彼此隔膜更厉害。

现实中的乖戾，往往跟网上的暴烈行为有着密切的关系，只要某人某事大伙看不上，被揭发出来，就一阵叫打喊杀，如果成了阵势，接下来也许就是"人肉搜索"，非得把这个人的联系方式和家庭住址曝光而后止。到了这个阶段，就是现实中的直接行动——直接的暴力，从打爆电话到门口泼粪，不一而足。反过来，不管行为多么恶劣，只要网上没多少人呼应，少数几个激愤者无论多么激愤，多半没机会采取下一步行动。

暴力，需要群威群胆。

有的时候，这种网上和现实的联动，往往会得到另外一些人的赞许，认为是伸张正义，比如对虐待小动物者的声讨，对负心汉的压迫等，网里网外，大家喝彩。不过，这种伸张正义，即便有所谓的正当理由，行动上却难免沾染暴力，就算行为不良者（如果确实能定罪的话）得到惩罚，也未免以暴易暴，当时虽然解气，但难免会有后患。

　　凭借群体或以群体的名义，集体施展暴力，人类是有传统的。西方中世纪捕捉巫婆，用火烧死；逮到淫妇，众人乱石砸死，都是此类。这种事儿，一两个人是绝对干不来的，非得大家一起来，才办得。这种行为，在法律上，叫作私刑。在中世纪，私刑只要拥有道德上的正当性，官家往往是默许的。在这个方面，中国人也不会落伍。在传统中国，没有官府明令宗族可以有司法权，但宗族对于自己族内违反族规的行为，一般都是可以用刑的，轻则用荆条打屁股，重则沉潭夺人性命。当然，到了这个地步，往往是因为男女乱伦通奸，包括没有血缘关系的寡姊和远房侄子之间的男女之事，也算是乱伦。这种事被抓到，男女双方按规矩，是要被脱光衣服游街，然后再当众处决的。凡是私刑，都是群体行为，在大庭广众之下，按群众意见办。每次群体惩戒，都是群体性愤怒，也是群体性狂欢。如果哪个被脱光游街的女人比较有姿色，大家会为此兴奋很久很久。在那个时代，私刑不止有宗族惩戒一种，人际间的血亲复仇，族群间的械斗，都属于私刑。但是其他的私刑，官府一般都会严令禁止，只有对这种事情，往往不加过问。

　　私刑受到官方默许甚至鼓励的情况，在革命时代的政治运动中，非常常见。运动中的斗争对象，在"群众起来"的时候，或多或少都会遭遇私刑，其暴烈程度，往往会被运动的领导者视为"群众是否发动起来"的标志。而凡是群众运动，无一例外地需要轰轰烈烈，因此，群体性私刑，乃至私刑至死，也就在所难免。只有在运动发动起来之后，领导才会考虑对群体性暴力的控制。

　　私刑的受害者，无论是否犯了必罚甚至是必死之罪，但肯定被群体视为犯了"可恶"之罪，或者是像鲁迅先生所说的那样，先是被认为可恶，然后才有了罪。大家的行动逻辑是这样的，凡是可恶之人，也就不是人了，对于非人，自然大家怎么做都天然合理。如果因遭惩罚死掉，也只是去掉一个非人的祸害，有什么大不了。但是，在群体的行动中，很多人其实对被惩罚对象，并没有切身感受，所谓的义愤填膺，多少有夸张的成分，大家一哄而上，或者是为了自保，或者是为了起哄，或者干脆就是为了解闷好玩。群体性暴力，暴露的往往是我们自己人性中的恶，这种恶虽然被堂堂正正的理由包裹，但毕竟是恶，人性中劣质的货色。

正因为如此，这种私刑式的暴力，才必须借助群威群胆来施行。气势汹汹的人们，看起来很勇敢、很义愤，其实大家心里多少会有点胆怯，必须把自己包裹在一群人里面，才迈得动腿。

宗族的私刑早就被禁止了，革命式的群众运动，似乎也不再搞了。但群体性暴戾的积习，却依然保留了下来。人们依然认为，只要一群人（群众）公认某个人可恶，这个人就理所应当被惩罚，似乎不是中国人就不该在中国活着，不是人就不配活着。大家似乎谁也没有想到，也许有一天，这个被惩罚的对象，会落到自己的头上，因为这不是法律意义上的定罪，只是群众的意见，而群众的意见，往往带有随意性，误会和冤枉，往往是难免的。

更糟的是，这种群体性的暴戾，由于群体的群威群胆，往往自以为拥有绝对的正当性，因此，质疑和讨论是根本行不通的，凡是有不同意见的人，一律大帽一扣，大棒打杀。这种现象，如果任其畅行无阻，那么这样的社会，看起来堂堂正正，而这种堂堂正正之阵，却是由狼或者类人狼组成的。

中国最牛的县太爷

《法制日报》下属刊物《法人》杂志的记者，写了一篇报道，惹了西丰县的县委书记，于是"王赫斯怒，爰整其旅"，派出一队警察，直奔法制日报社，前来拿人。人虽然没有拿到，但县太爷的威风，可是抖到了极点。其他的县太爷再威风，也不过在自家境内搞点短信"文字狱"，抓的都是辖境内的子民，可人家西丰县的县尊，大白天就敢派警察荷枪实弹，直闯中央大报的报社，指名道姓抓记者。还好，批准发表文章的总编，没有在抓捕之列，县尊大人总算还给《法制日报》留了点面子。

无可否认，这件颇有声势的警察行动，让很多人莫名尴尬。因为这种事，无论是按法律还是按行政的惯例，都显得过于创意了。有才的西丰县太爷，以自己的果敢和铁腕，把难题扔给了上级领导。

显然，此风不可长，如果每个县太爷都这么有才的话，看谁不顺眼就派人来抓，今天抓法制日报社的人，明天是不是就可以抓人民日报社的人，后天，中央电视台的人是不是也可以动一动呢？县与县自然也可以互相抓，如果一个要抓一个要保，那么，双方都有家伙，是不是会打起来。如此这般，中国的县就不叫县了，改称王国好了；县委书记不叫县委书记，改称"百里侯"（这是古代对县太爷的俗称之一）。即便如此，也不足以解释这种行为，因为分封制下的诸侯，也不敢随便进京拿人，寻来觅去，好像只有唐朝后期藩镇割据时候的军阀有过类似的豪举。

西丰县的行动，太胆大，太有轰动效应，而且涉及众多记者的自身权利，几乎是顷刻之间，就成了轰动世界的大新闻。因此，向以救火堵窟窿为己任的有关部门，首先想到的不是制止西丰县的胆大妄为，而是考虑遏制网上的轰动。所以，人们最先看到的事件后续延伸，不是西丰县那边有所悔改，而是有确切消息的相关禁令。正因为如此，受到侵害、很丢面子的《法制日报》不声不响，本以维护记者利益为使命的记协，也只有几句不痛不痒、不着边际的话，滑得让人摸不着，也抓不住。

然而，这样一场事关媒体人命运的事件，不明不白的禁令是掩不住所有的声音，于是事件在发酵。有关部门明白了，不釜底抽薪，火只能越压越旺。这下，轮到西丰县采取补救措施，于是一队气势汹汹的警察换成了一队温文尔雅的县委工作人员，再次来到法制日报社。这回人家是来道歉的，据说，西丰县公安局的拘传令也撤销了。

显然，西丰县的大胆创意，跟我们现行体制下，县委书记权力过大有关，一个又一个的短信"文字狱"，无非是说明在县这个一亩三分地上，县尊大人有意无意都把自己当成了"皇帝"。事实上的权力，也近乎于皇权，在他平时的工作范围内，没有任何人敢说一句稍微不同的话，马屁奉承，成筐成桶地来，尊奉之下，任你是谁，都难免自尊膨胀。膨胀后的尊严有一个特点，就是绝对不能被侵犯，一触即跳。我们知道，西丰县其实也是先兴短信"文字狱"，然后再发展成报刊"文字狱"，连记者一并拿下。这种发展，都是县境帝王意识的合理延伸，一点儿都不奇怪。

中国最牛的县太爷的大胆创意，从某种意义上，其实是一件好事。这个事件，从一个奇妙的角度，为中国新闻立法的紧迫性，敲了警钟。它告诉人们，这么大的一个国家，一个正在走向国际化，跟世界接轨的国家，如果再没有一个规范记者，也规范政府行为的新闻法，会出现什么样可气、可悲又可笑的事情来。

烧狗事件的核心问题

南京发生的泼汽油烧死流浪狗的事件，已经在网上吵得沸沸扬扬了，有很多人包括知名人士，都发表了自己的看法。当然，我对于网上和现实中许多人对烧狗者表达的"打"、"杀"意图很不赞同，这种以暴易暴的宣泄，不仅无助于培养人们对生命的珍惜情感，反而暴露了发言者内心深处跟烧狗者类似的残忍。同时，我也不同意某些人关于狗权和人权的类比，显然在这个事件中，是人残忍地杀死了狗，而且是哺乳期的小狗，而非狗威胁到了人的生存。

我个人认为，这个事件的核心问题，是作为万物之灵的人，为什么要如此残忍地对待一个小动物？就算是狗的存在，影响到了你的生活，完全有可能有更为人道的办法来处理，比如上报有关部门处理。退一万步说，也可以采取驱逐的手段，将之赶走也就得了，为什么非要浇上汽油，将它们活活烧死。在这个世界上，绝大多数人都知道，被火燎一下是什么滋味，狗属于哺乳类动物，跟人一样，有着发达的感觉神经，将心比心，把它们活活烧死，任由它们在万分痛苦中挣扎，于心何忍！

如何看待生命，是否尊重生命，是衡量一个国家、一个民族文明程度的一个尺度之一，地球不是人类的私有物，必须跟其他动植物分享，现在已经成为国际社会的共识。狗是人类最早驯化的动物，是人类的朋友，跟人类已经有数万年的共生历史，这在远古时期已经是不争的事实。尽管中国部分地区有食狗的习俗，但义犬救主的故事也是中国最古老的传说之一，说明国人对狗跟其他民族一样，有着深厚的感情。作为一个人，能对几个对自己没有人身威胁的狗，干出如此残忍的事情来，说明我们这个民族，在心灵深处，还存在着太多非人道的东西。这种事情，今天可以施之于狗，明天很可能会施之于人，也就是施之于我们的同类。大概国人所闻所见的残忍事情太多、太久，神经已经麻木，已经把残忍不当一回事儿了。但是这样的残忍，还是让我联想到《东史郎日记》里，日本军人将中国人装进麻袋，浇上汽油烧死的事件。在那个时候，日本军人把这种残忍当成了游戏，而自己在这游戏中，变成了吃人的禽兽，不，恶魔。我不敢推想，那个浇汽油烧狗的人，是否有着某种的游戏心态，如果有的话，那就太可怕了。退一万万步说，就算是疾狗如仇，将之用砖头砸死，也比用汽油烧死人道一点儿，至少，可以让小狗死得痛快一点。

人之所以为人，是因为有文明或者能够创造文明，可以有意识地超越一般动物，可以有意识地保护动物。反过来，如果作为人类，利用自己的文明成果，残忍地戕害动物，那么，我们就连动物也不如了。作为文明世界的一员，无论我们有多少理由，都没有权力放纵自己的阴暗情绪，从某种程度上讲，这是我们作为人的基本义务和责任。

令人麻木的悲剧的幕后叙事

这两天，重庆家乐福超市出大事了，一桶菜籽油引发了悲剧。家乐福超市搞店庆，这款菜籽油从每桶 51.4 元，降至 39.9 元，结果人们蜂拥而至发生踩踏事故，3 人死，31 人伤，其中重伤 7 人，大体相当美国一次中等规模的校园枪击案件的伤亡人数。类似的悲剧发生得实在是太多了，只要有热闹，稍不留神就会出事，什么晚会、灯会、歌友会，庙会赶集、商家促销。单就一个商品促销导致的踩踏事故，报道此事的记者随便一举，就是三四个眼前的例子。

没错，国人眼下还不够富裕，一桶油便宜 11.5 元，已经足以让我们激动。尽管如此，如果这些买主早知道会出人命，而且人命就让自己家人摊上，估计没人会这么傻前来冒险。问题是大家一般不这么想，类似的商家促销活动本身含有风险，已经出过很多事，我们的买主其实早有所闻，但是兴冲冲去买的时候，想的多半只是那便宜。便宜越多，大家的兴头就越大，对于可能出现的悲剧一般不会多想，即使想，也不会往自己头上想。早上 4 点就来排队，开了门，当然要玩命冲上去，如果买不上，便宜不到这 11.5 元钱，那么怎么能对得起自己和家人？这个时候，所有人想的都是那便宜，脑子简单到了只剩下一根筋，于是冲、抢、撞，等到悲剧发生了秩序已经大乱，谁也顾不得谁了，于是，大家从贪便宜变成了逃命。

批评国人爱贪小便宜，当然也不错。只是这贪小便宜的毛病归根结底还是因为我们不富裕，日子过得不容易，或者现在不怎么穷的过穷日子的时间太久，多年养成的习惯一时半会儿改不过来，一有降价的消息，就忍不住食指大动。其实这个毛病也不是中国人独有，前一段听说发达国家商家也出台各种千奇百怪的促销高招，包括让顾客裸体，好像无论男女老少，中招者不在少数。能花少的钱买到贵的东西，地无分南北，人无论老幼，更无论文化差异，大多数都是乐意的。

只是，我们踩踏事件不仅仅发生在占便宜的时候，只要有热闹，人们一激动就悬。无论是抢购菜油还是争看明星，一争一挤，维持秩序的警察叔叔赶巧打了马虎眼，就都有出人命的可能。人一多，就乱，一乱就容易出事。

很多踩踏事故，实际上就是人们乱挤乱撞活生生制造出来的，稍有混乱大家马上乱成一团，本来没事的有了事，本来能逃生的也逃不了了。如果真的赶上地震和空袭，死的人还不知道会有多少。从根儿上说，缺乏秩序、缺乏集体行动的理性，才是我们根深蒂固的毛病。

我们搞大型团体操，即使有成千上万都会搞得非常整齐划一，秩序井然，平时各个单位的领导也都特别强调秩序和纪律，对任何一种破坏秩序的行为都深恶痛绝，必欲彻底铲除而后快。但是，为什么我们在公共场所秩序会如此之差？

也许，有人会说，那是因为在后种场合人们没有了领导和组织。说得很对，说到点上了。但是，怎么可以想象，人们到商场购物，还会有领导组织呢？即便组织观念再强，也不大可能等着领导领着才去商场买东西，就算各单位的人都由领导带队出来购物，各个领导碰了面，还得推举出一个总领导来，否则有点事，依然保不准会出乱子。反过来讲，如果国人只有领导组织的时候才能守秩序，那么恰恰证明我们根本没有自生自发的秩序能力，没有集体行动的能力，说不好听的，我们大抵无非是一些必须要人驱赶的羊。

没错，虽然我们中国人很聪明，也不乏理性，但是到了公共场合，我们就都是只凭自己的感觉行事，在拼命争取自己利益，保自己的小命的紧急场合，每个人的理性选择最后都变成了非理性的盲动，不被踩死只是自家幸运。正因为如此，在没有大的灾害威胁面前，我们才会一次又一次无事生非地制造悲剧，死伤者的血却永远也唤不醒哪怕一丁点儿人们的自觉。

一个普通贫困者的特殊悲剧

一个临产的孕妇，因为丈夫拒绝签字手术死在医院里。有人批评医院执行规定的刻板，缺乏人性，有人指责这位丈夫，说他无知而且固执。据报道，甚至还有人怀疑他是故意害死他的妻子。

当然，此事如果警方介入调查，真相如何还有待进一步的调查取证。但是，就目前所能得到的信息来看，此事只能算是一种普通贫困者的特殊悲剧。

说它特殊，只是因为悲剧的发生在北京大医院，而且是仅仅是因为患者的丈夫固执地不肯履行医院法定的手续所致。说它普通，是假设如果这对夫妇没有来北京，事情在乡下也同样可能发生。这样的事情一点都不少见，农民因为看不起病，不愿意进医院，最后死在家里，死在条件很差的私人诊所，或者乡镇卫生院，大抵都是了无声息，死了也就死了。在这个世界上，除了他们的亲人，不会有再多的人注意到。

当事者夫妇，仅仅是在北京一家小饭店做洗碗工的进京农民，被收留做工还是因为他们可怜——两个人分吃一碗6元钱的面。怀孕的妻子，虽然一直在坚持打工，但肯定已经病了很长时间了，他们去过私人诊所看病，但是没有看好，不得已才来到大医院。到大医院只是想让医院给妻子看感冒，多半是因为妻子没有条件像城里人那样经过正规的检查，夫妇二人根本不知道确切的临产时间。

没错，作为当事者之一的丈夫的确很固执，也可以说很愚昧无知。他们对于生病，对于怀孕和手术，只有零星乃至错误的知识，在他看来，划开肚皮的手术，是一件天大的事。他宁可相信自己的那点儿错误的知识，他坚信妻子的预产期没到，仅仅是感冒，他宁肯相信自己的判断，甚至相信算命的胡说也不肯相信医生的话，尽管是在北京的大医院里。

显然，当事者不是文明未开化的原始部落人，不至于只迷信巫医而拒绝现代医术，否则，他连医院的门都不会进的。他之所以这样做，不是不相信大医院的医术，而是不相信医生乃至医院的人品。难道这样的事情，我们听过和经过还少吗？小病大治，升级治疗规格，滥上高规格仪器检查，多开贵重药物，不管需要与否，动辄手术、大手术。

作为一个农民，一个最易受到侵害的农民，想必在他的三十多年的生涯中，会听到过不少这样的故事，他因此而做出这样的反应一点儿都不奇怪。应该说，作为事情发生所在的北京××医院，在此事件中表现得还算不错，既没有因为患者是农民加以怠慢，也没有因为患者没有钱而拒绝手术，反而苦口婆心地劝说患者的丈夫，要他签字。但是由于卫生部明文的法规在，平心而论，医院和医生的确不敢突破。患者死亡，是个莫大的悲剧，若要谴责的话，只能谴责这种规定。只是，一个××医院的行为，却不能挽回人们对整个医疗界的不信任，看来此事已经积重难返，需要我们的医院和医生用自己的行动，做更多的努力。

其实，悲剧的发生，最根本的还是当事者的贫困。我注意到，当事者当时身上只有130元钱，而且其中的100元还是小饭店老板借给他们的。这么一点钱，即使那位妻子仅仅得的是感冒也是不够的。这种贫困，极度的贫困已经造成了当事者的心理某种程度的扭曲——无论如何，都不愿意为看自己的病花太多的钱，哪怕这个钱来自别人的资助。这样的心理我们在很多农民身上，都能发现。

我们看到，在事发当时，有好心人表示乐意出一万元帮助他们，但是首先，当事者可能未必相信，其次，很可能当事者也是个诚实善良的农民，在他坚持认为医院是故意小病大治的情况下，不愿意"浪费"好心人的钱。

一个本不该发生的悲剧发生了，大小两个人的生命就这样结束了。这是一对贫困农民夫妇的悲剧，也是我们医疗界的悲剧。

从富二代的衰相到富二代培训的乱局

民营企业的第二代，良莠不齐。优秀的也有，毕业于海外名校，干脆在海外创业者不乏其人。但是，这样的人，往往很低调，人们看不见，即使偶尔看见了也视而不见。日常出现在人们视线里的，往往是开着豪车到处飙车，上娱乐节目耀富的富二代。不过，据专门的研究者讲，总的来说，富二代不尽如人意者的比例不低。中国人传统的富不出三代的魔咒，还没有被打破。古代有个故事，说一个富人造屋，房子造好之后，请工匠坐上席，让自己的儿子们坐下面。人家问他们为什么？他说，工匠是造屋的，而儿子们是卖屋的。应该说，老子挣钱儿子败家的中国特色的故事，到今天并没有讲完。作为富一代的人们，当然不想在自己的家族里，把这个故事接着讲下去，于是就有了各种名目的富二代培训。

有需求就有市场，据说，现在富二代培训市场已经很大了。有的地方党校捷足先登，老早就开办了富二代培训班，然后各色人等跟上，有的看名头，还比较靠谱，挂靠在名牌大学的名下，虽然细打听无非是继续教育学院。有的则打名人牌，于丹、王立群这样的百家讲坛名师，都成了招徕富二代的诱饵，其实能否把这些人请到，还真没准。教的课程，五花八门，有点企业管理知识，但更多的是如何扎领带，穿袜子的礼仪，儒释道三家精髓，还有毛泽东军事思想，有的培训班还组织富二代上井冈山，殊不知，这一套当年都是用来打土豪分田地的，富二代如果生在那个时代，个个都是斗争对象。反正不管教什么，都是外面请，请来谁算谁。一个培训班，正经的讲师，只有一个，还兼做收费工作人员。但不管多乱，或者多滥，每个班的收费都不低，少说5、6万，多则几十万。

好在富二代连同他们的父母，都是人傻钱多，所以引得各方面的苍蝇乱飞。富一代好多人出身草根，好多人没受过大学教育，在自己那一行里都是人精，可一谈到教育，就傻了眼。富二代培训市场的乱象，就是因为需求大，而明白人少，才有了这副模样。尽管培训班这么乱，据说好些富二代都能随遇而安，说是即使学不到什么，但可以借此建立一个人脉关系，认识好些来自各地的富二代，以后接班时，碰到难处，可以互相帮忙。其实，笔者在很多名校的EMBA班上，听学员讲的也是这一套，不期望学到什么，只指望建立一个人脉关系。

其实，富二代的接班问题，是一个很严肃的课题。既然富一代有心让孩子学点什么，而且富二代也有心向学，为何不找点儿明白人，找个靠谱点儿的学校，花钱请他们办个暑期班之类的培训呢？非要吃这种野鸡培训业的骗，几万、几十万的钱砸进去，只换来认识几个同学的结果，这样的账，我们的民企精英居然算不来，真咄咄怪事。

中国的培训业，很早就乱象丛生，但乱象之所以能够延续下去，在很大程度上，是因为受培训的人，并不在乎学点什么。人们似乎已经习惯了，做什么事都以做样子为主，玩形式为主，没有人来真的，人们也不怎么接受真的。即使上大学，读研究生，很多人也无非冲着文凭去的，培训就更无所谓了。

国人养生狂迷

向来不起眼的绿豆，突然狂涨，不是因为绿豆产地遭了灾，出产不足，仅仅是因为出了一个人，名叫张悟本，倡导食疗养生，具体说，就是绿豆养生。吃绿豆，喝绿豆汤，据说还有长茄子，就能把吃出来的病，都给吃没了。所以，大家疯狂地买绿豆，一个原本不稀罕的小杂粮，就上了天。

张悟本来头很大，据说有来头很硬的文凭，卫生部的专家，还有中医世家的来历。只是这种来头，往往经不起人肉，一搜，发现此公什么都不是，就是一平常人。但是，这个人很聪明，不像曾经被大作家捧出来的胡"名医"，治什么病都是芒硝，虎狼之药，身板不行的，吃了兴许就翘了，会惹出官司。人家张悟本，先说是食疗，但食疗居然也可以门诊，挂号的，已经排到了2012年，一个号，要2000元，比那些中医大专家的身价还高。食疗的"药"也好，绿豆，吃多了，也就是肚子胀，无论如何吃不死人。让人想起《红楼梦》里王道士的疗妒汤，甜甜的，好吃，反正吃不死，吃好了。

当然，张悟本后面，有高人做推手。但奇怪的是，这样一个一点儿都不神秘的局，居然有这么多人陷进去出不来，硬是傻傻地给人家送钱。想起"文革"中的打鸡血，后来的红茶菌，甩手疗法，再后来的气功热，也就释然了。我们这个民族，就是喜欢起哄，喜欢信这些歪门邪道，如果这种玩意儿经过一个巧舌如簧的鼓吹者吹出来，再跟养生有点儿联系，想不热都难。

说起来，多少年国家都很重视科学。科学几乎成了最终的价值判断，如果说某事科学，就意味着一路顺风，绝对正确而且靠谱，反之，就是垃圾。

133

但奇怪的是到今天，普通民众不仅没有具备起码的日常科学理性，连常识都没有。当年迷信胡名医的芒硝，还可以说是不大了解，现在一个绿豆就能治百病，居然也有人信。绿豆谁没吃过？夏天喝绿豆汤，不是常事吗？治什么病了？这都信，你说还能有什么忽悠，让人不信呢？

三人成虎的事，在中国很容易成气候，如果恰巧有那么点儿需要，比如养生，又赶上看病难，凡是跟去病健身有关的忽悠，就特别容易入耳。三下两下，就成一股风潮，人人如痴若狂。当然，这样的民众，对于某些谣言，也特别听得进去，一有风吹草动，大家就慌慌的。

这些年来，我们的教育失败，不仅孩子没有教好，成人的社会教育，也都冲着文凭去。科学常识，早就被丢在了十万八千里之外。大家不信科学，信邪说，越邪越信。而我们的专家，也总是被有关部门用来做托儿，在媒体上说一些根本不靠谱，甚至前后矛盾的说辞。时间一长，没了信誉。害得真正的专家也没人信了。结果，给各种各样的野心家和骗子空出了地方，让他们大展拳脚。"人傻，钱多"最招骗子，但其实信骗子的普通民众，没有多少钱。他们其实很可怜，往往仅有的一点儿积蓄，都被人骗得精光，但是，下次有事，还上当。一次当上下来，落得两手空空，病还是病。

显然，中国需要科学教育，需要理性教育，从清末民初开始，很多有志之士就通过各种途径，对民众进行科学、民主、理性的启蒙，这个工作，看来还需要继续做下去。

"逼裸"的荒唐

这年头，有关裸的事件一个接一个。前一个系列的"不雅照"还在热议中，后一个系列已经横空出世。有"被裸的"，据说是被前男友报复，当然也有据说所谓的"被"，实际上是自愿的，更有绝对自愿的，就是要展示一下自己的裸体。比较起来，当年一系列的裸照，倒显得无辜了，因为人家真的是被泄露的，连作案的人都找到了。更离谱的是，一个电影学院的学生，宣称男篮出线就裸体出镜，男篮真的出线了，没有及时履行承诺，居然网上嚷成一片，还有人扯着横幅，到电影学院强烈要求该女生说话算数，不知道算不算非法游行示威。最后在千万双眼睛的期待下，该女生终于裸了，一组不穿衣服的写真出炉，虽然该遮的部位都遮了，毕竟看上去是裸了。当然，接下来是一阵的风传，有人感慨，裸得不过瘾。

人们有理由相信，这个事件，是有策划、有预谋的炒作，无非是快速捧红一个人。但这一事件中的逼裸现象，却是民众自发自为的。最奇妙的是，这样的事情，居然发生在上面三令五申反三俗的当口，让人不得不发生好些联想。

三俗的确有强大的生命力，就如"道高一尺魔高一丈"的俗语一样，三俗就像那个魔，反来反去，总是法力高强。即使在被反的风头上，也敢顶风炒作，顶风拍摄，拍完了还就是能堂而皇之地露面，不用担心被和谐，因为人家的尺度掌握得好，明明是裸，不该露的地方都没露。人们都知道，这样的露，其实比彻底的一丝不挂，性的意味更浓，挑逗性更强，但人家却不俗，至少，按官方的尺度，不俗。傻子都看得出来，整个事件，从宣示到毁约再到践约拍写真，说它不俗，真是没天理了。

当然，这个事件的大俗，背后拥有强大的民意基础。在我们这样一个男权社会，女孩子，尤其是漂亮女孩子的裸，无论什么时候，都有强大的诱惑力。在社会道德的阀门，社会的约束，包括社会舆论的压力和人们尤其是女孩子的自我约束整体降低的情况下，裸的机会，的确是大幅度增加了。不公开的不雅照片和视频急剧增多，自然公开的概率也在增加，前男友防不胜防，色狼更防不胜防。借裸而炒作成名，本来就是娱乐界的不良习气，在这种氛围中，当然会兴盛起来。

本来，在一个正常的社会里，逼女孩子脱衣服，即使这个女孩子有所谓的"承诺"，是要有罪恶感的。但是，在这个事件中，人们却兴高采烈，堂堂正正，不仅在网上呼吁，而且到人家学校当面施压。我们看到，不仅当事的女孩子羞耻心在丧失，民众的羞耻心也在丧失。人人都陷入一场策划者事先策划好的娱乐性狂欢中去，放肆地放纵着自己的欲念。

当然，人们在自己的家里，在私下的场合，怎样的裸，是自己的事，但是，在公共场所，必须有所节制，否则，社会还叫个什么社会？尤其在中国目前任何的展示都没有限制级别，不知道对儿童有所保护的情况下，这样的裸与逼裸闹剧，更是有害。

在市场条件下，娱乐和传媒，市场化的驱力，拉动它们走向三俗，是不可避免的，但总会有严肃正经的东西来平衡之。一边是荒淫无耻，一边是严肃的工作，从来如此。但我们的社会，平衡却被打破，严肃的工作，面临着太多的限制，逼得从业的人，不得不娱乐，不得不低俗。几十年下来，被养成习惯的受众，不俗，实在是太难了。

速成病及其经济

　　天上掉馅儿饼的好事，大家都知道不可能，但自打有馅儿饼以来（大约有千把年了吧）一直被人惦记着。当然，惦记的方式不见得人人都抬头看天，而是闷头幻想着出现奇迹，而且奇迹发生在自己身上，一夜之间改变命运，大富大贵。

　　吃小亏占大便宜，或者不吃亏也占便宜，是人类的一点小小的但却很难克服的心理疾病，无非是想不付出或者少付出就有收获，而且是大收获。这样的事儿有没有？当然有。天上掉馅儿饼虽然不可能，但兔子撞到树上的事毕竟是有的，不费力气拣个胖兔子回家，跟摊上天上掉的馅儿饼也差不多。这种对于大众来说的超小概率事件，但是落到哪个幸运者身上，则变成了"幸运百分百"。而大众却往往容易把眼睛盯在这个"百分百"上，只消稍加操纵，任何一个偶然的幸运事件都会导致一场疯狂。

　　于是，利用这种心理疾病，这个世界的经济文化活动多了很多花样，也多了很多花样的陷阱。赌博和彩票是比较明目张胆的陷阱，明明大批的人都亏进去了，甚至倾家荡产，家破人亡，但大家眼里却只看见那几个中头彩或者赢大钱的，因而前赴后继。办速成班和出速成教材，是比较隐蔽的陷阱。在这一点上，日本人是我们的老师。甲午战争之后，日本打痛了中国，中国人开始向日本学习。清廷新政之后，大家一窝蜂地涌进日本，进去的人多半都打着少花功夫、甚至不花功夫就能学到本事的主意，于是日本人审时度势，一窝蜂地开办了许多速成学堂，一年甚至半年，就让"清国留学生"揣着毕业文凭毕业回家。现在办的速成班，多半是教外语的，人们不就是想不花力气就学好外语吗？人家告诉你好办，上我的班，用我的教材，半年，一个月，甚至十天，包教包会。当然，老师和学生的差距还是有的，当年日本人速成学堂教出来的学生，虽说连平假名和片假名都没搞明白，只记了几个新名词，但回国后，却大多被聘为新学堂的教师，至少有个饭碗，而后来这些速成班的外语生却什么都没有，只搭进些钱和功夫，还有自己那点儿不劳而获的梦。

这个世界骗子多，眼下的中国骗子更多，出门一不留神，就能碰上一堆，但骗子十有八九吃的都是人们速成心理的饭。那些吃人骗的，凡是被骗了钱的，多半是想速成发财的，被骗了色的，多半是想迅速成名的。贪心谁没有，名利有几个人真能看得透？真是身如槁木，心如死灰，这个世界还怎么能转得动？祸根不是名利，而是对名利的速成心理。

不过，历史证明，吃亏上当并不足以让人们从速成的幻觉中完全醒过来，一个人倒下去，千百个人跟上来，只要陷阱还在，就会有人前赴后继。法律惩罚骗子，教育揭示骗局，但病根却难除去，政府和社会所能做到的，仅仅是抑制病状的爆发，而没有办法根治。特别需要指出的是，无论是古已有之的赌博，还是后来兴起的速成班骗局，在道德上或者法律上都背着黑名声，但是在今天的信息时代、媒体时代，事情却发生了变化，媒体可以公然地利用人们的这种心理疾病牟利，却不背任何道德和法律责任。

今天所有的经济活动，都可以转化为眼球的数目，眼球就是金钱，就是一切，所以，速成病基本上已经演变成出名的竞争与幻想。一夜成名，就意味着荣耀、光环、金钱、名车、别墅、美女俊男……而媒体，尤其是电视和网络媒体，可以利用自己的力量，在一夜之间，操作出一个平民成名的梦，把一个小概率事件变成一场可以操控的大众狂欢，大众在狂欢中，尽情地让自己的病一次又一次地发作，哪怕近乎癫狂也没有人少见多怪。而媒体在这个过程中大把大把地捞钱，媒体操作出来的"平民英雄"就像六合彩中的头彩，肆无忌惮地吸引着更多的眼球，把更多的人、更多的金钱吸进那个病态的黑洞。

建筑在病态上的文化是病态文化，建筑在病态上的经济是病态经济，为此而发狂的社会是病态的社会。人哪，醒醒吧，天上掉不了馅儿饼。

"大"字病及其他

中国是个大国,因此,某些中国人酷爱"大",以及跟大有关的所有东西。写文章要大气,用大词,排比句,重修辞,有时候还要配上惊叹号,一口气读下去,换气都没工夫,气短的要给憋死。在某些历史场合,只能在大喇叭里头放,听的人如果没有足够的勇气,那就只有缴械投降的份了。

上荧屏的玩意儿自然要大,据说是要大气。纪录片来不来就航拍,长江、黄河、长城、高山大川,人在里面只是一个小黑点。电影电视剧,尤其是战争片,上百门大炮,成千上万的士兵,成片的火海,震耳欲聋的炮声,一开演就吓煞个人。现在则变成了万马奔腾,野牛纵横,上万的群众演员,铠甲鲜明,颜色不是红得刺目,就是黄得耀眼,连女人露出的乳房都是一排一排的,像是进了巨大而且正在挤奶的奶牛场。

盖楼房也要大,每个城市都比着美国的纽约来,摩天大楼,钢架结构,大玻璃明晃晃一片。害得无论走到哪个地方,在大街上都找不着北,照张相谁也猜不出是哪儿,反正都是摩天楼、都是大玻璃,连霓虹灯广告都一模一样。老房子,老建筑,就是一个字:拆!管它是否文物,有无历史文化价值,盖楼的和拆楼的,一样的大手笔、大气魄。

大学必须大,几个中专和进修学院合起来就是大学,原来的大学则要合并,块头越大越好,恨不得一个城市就一个大学的巨无霸,学生见面,只问是哪个校区的。是个大学,就要硕士点、博士点,要上档次。

搞工程绝对大,从前是人多,成千上万,彩旗飞舞,口号震天,移山倒海。

现在换了，成群的人变成成群的钱，动辄几十亿，上百亿，"给长城装瓷砖，给喜马拉雅山镶金边"的民间歌谣，就工程的"大"而言，并不是笑话。更有意思的是，工程已经不仅仅限于破土动工，什么都是工程，治安工程，道德工程，诚信工程，关心某一代工程，凡是人能想出来的事都有工程，而且相互攀比，规模巨大。学界也不甘落后，所有爬格子的事都能变成工程，动辄上百万、千万、几个亿。全国社会科学所有一百五十个学科，从前编的教材全不算数，重新编写，一本三四十万字的教材一百万编写费，讨论一个千把字的提纲要花去四十万，真是一字千金，大手笔，不服怎么行。

前一阵出来个政论片《大国崛起》，一下子挠到了不少人的痒处，仿佛一夜之间成了大国之民，跟随电视一道崛起了，兴奋得看不够，说不够，网上铺天盖地，光盘卖到脱销，弄得老外神经兮兮，草木皆兵。

当然，我们可以理解，近代来虽说中国地大物博，人口众多，但却总是被人当作弱小国家来看。在清末，所有国家甚至包括拉美的秘鲁，设在中国的常驻使节都是公使衔的（苏俄十月革命之后，才派来第一个大使），所有在华的外国人连同西方的殖民地国家的人，全部享有领事裁判权。

上海的租界，虽然居民多数是华人，也靠华人来养活，但几十年华人一丁点儿权力都没有，无代表不纳税的西方民主原则到了西人统治的租界，根本连影子都没有。四万万人口，上千万平方千米土地的大国，没有哪怕一点点大国的尊严，连国人一直以来感到有点儿安慰的有关拿破仑"睡狮"的神话，仔细查一查，发现人家也没说过。

终于，中国人手里有了一些可以骄傲的东西了，某些先富起来的国人，也可以一窝一窝涌到巴黎，一打一打买名牌手表和 XO 了。刚刚体验到站起来感觉的人们，马上就急匆匆地想要拉出一个大的架势来，表现自己的"大"，好像某些动物一样，碰到敌手的时候，就把浑身的毛直竖起来，看起来好像膨胀得很大。其实，这种"大"只能是上海所说的"大兴"。

这样的"大"，骨子里毕竟透着虚，内容不实在。真的大，真的大国，不在于形，而在于神，在于内涵。大不是用来吓人的，而是用实实在在的自豪，赢来实实在在的尊重。要实现这一点，需要我们实实在在地从小做起，一步一个脚印。

急不得呀也么哥！

正常社会的不正常话题

中国的改革从某种意义上说，就是从不正常或者可以说很不正常的社会，过渡到正常社会的过程。一些人类社会的常识，在这个过程中逐渐被承认，人们也在像这个世界其他多数地方的人那样，踏实地过日子，可以大声说，人是要吃饭的，生病是要看的，不必问是哪个阶级的。可以养鸡养猪而不担心被割资本主义尾巴，可以发家致富不被批走资本主义道路。到了芜湖傻子瓜子年广久事件出来之后，连雇工办企业都可以了，慢慢地，中国人自己承认了自己国家的"市场经济地位"，世界终于松了口气。

然而，逐渐正常的社会，依然会有些不正常的话题，穷和富就是一个。忧心贫富差距过大倒是情有可原，但是眼下穷人和富人变成了道德上的两极，穷人说不得不好，富人说不得好，茅于轼先生说了句"为富人说话，为穷人办事"。孙立平先生提到，穷人在某些特定条件下可能堕落得更快，就像捅了马蜂窝。

一些人担心穷人仇富，一些人要清算富人的"原罪"，一个古老的幽灵在徘徊，那就是"均贫富"。提到"均贫富"，无论担心还是欢呼的，都觉得这就是中国的传统，无论如何都具有正当性的，因为这是穷人立场上的话。

不错，中国历史上的确有过周期性的"均贫富"的历史，但那多是历史的非常态，历史更多呈现的是它的常态，大家安稳和比较安稳地过日子，发家致富。孔夫子所谓的不患寡而患不均说法，其实只适用在贵族之间政策调试，不能拿来推而广之。在这个阶段，大家大体上都能和平相处，正在富的小康之家和已经富的大户，基本上都能过上踏实的日子，"杀人偿命，欠债还钱"，天经地义，大家辛苦一场，就是为了发家致富。在世界各个民族中，大概没有哪个民族有中国人这样强烈的求富意识。即使在所谓的非常态社会，也是因为政治出了大问题，相当一部分人无法维持生活，大部分人无法按正常渠道上升，因而秩序混乱。而在混乱中，"均贫富"成为某些势力动员群众的口号，从而加剧了社会的动荡。其实，凡是打着"均贫富"旗帜的农民起事者，财富最后都均到首领那里去了，最贫弱的百姓只有化为白骨、填沟的资格。所以，"均贫富"只是穷人中的少数强人的话。

真正的值得警惕的传统，实际上是国家政权的"军国主义"政策对所有人、当然尤其是富人的剥夺，这就是所谓的法家传统。这个传统的盛世，如秦汉，国家可以随意把成千上万的富户连根拔起，迁移到其他地方，或者借口国家需要无偿征调富人的财产，把商人打入另册，只要等到他们养肥了，就让他们为国家无偿奉献。好在对于多数的王朝，这种军国主义政策还比较收敛，商人的地位也在逐步地上升，因此维持了我们这个民族在古代社会最为强大的生产力，创造出如此灿烂的文化和巨大的财富，让后人直到现在都有东西可挖，走私出去换美金。

不错，眼下中国的贫富差距是很大，但是最富的人其实是凭借国家权力为自己谋私的人，这就是为什么外面称我们为"权贵资本主义"的缘由。而很多人眼中十恶不赦的民营企业家，即使跟某些什么产业也不沾的贪官比起来，财富的总量也是小巫见大巫。在某种程度上，这种现象，是我们法家传统在新的条件下的变种。

不错，我们的民营企业家，在道德上的确没有他们的老一辈那么光彩，权钱勾结的事儿也没少干，在挣第一桶金的时候，更是很难干净。但是他们的行为，毕竟有着那个特殊时代的特殊印记，我们如何去谴责某些公民的不当行为？举一个例子，"投机倒把"罪不是前几年才撤销的吗？按这个罪名，现在该有多少人违法？即便是权钱交易，在有权的一方设租寻租的前提下，单方面谴责企业家也是不公平的，毕竟权和钱之间，有大恶和小恶之分，放过大恶，把板子都打在小恶头上，事实上是更大的扭曲。警惕和限制这种剥夺，才是我们每个有话语权的人所应该格外重视的问题。

正常的社会是按常识行事的社会，在这种社会里，发财致富是正常的、不应该受到谴责的平常事。

只图自己方便的管理者

三轮车满地跑，管起来麻烦，于是禁掉。电动自行车依然麻烦，于是禁掉。摩托车更麻烦，不仅交通事故多，而且有"砍手党"骑着摩托抢劫作案，干脆也禁掉。现在又有人开着面包车抢劫，不知道我们的城市管理者，是否有一天把面包车也禁了。

不知道我们的城市管理者想过没有，三轮车、电动车和摩托车，固然给城市管理带来了一些麻烦，但这些本不起眼的车，却是相当一部分老百姓的谋生饭碗和代步工具。取缔了这些工具，一些人出行将会很不方便，或者增加了出行成本，另一些人则干脆丢了饭碗。在减少管理者的麻烦和广大老百姓的便利甚至饭碗之间，孰重孰轻，按道理是应该一目了然的。但事实上，管理者的选择却往往相反，道理很简单，政策是管理者制定的。

管理者的政策出台强调的也是"群众利益"，也会得到一部分老百姓的称赞，比如因三轮车、电动车和摩托车感到交通堵塞的有车族，遭到过飞车抢劫的市民等。但事实上，大家都知道，并不是所有开摩托车的人都是罪犯，三轮车和电动车对交通堵塞的"贡献"并不见得比汽车更大。从本质上讲，管理者的做法只是一种所谓的釜底抽薪的"根本解决"。人类发展的历史告诉我们，这种"根本解决"是非常荒谬而且行不通的。

事实上，作为人类工具的任何一种事物的出现，都会有利弊两方面的表现。以交通工具而言，马车有马车的麻烦，人力车有人力车的麻烦，火车、汽车的出现，更是极大地增加了人类因交通事故而死亡的人数，也使城市的犯罪增加了便利。如果我们因为某种工具带来的弊端，就取缔这种工具，按这种逻辑再往前走，因为银行的出现新添了金融诈骗，我们就撤掉银行；因网络的出现而增添了网络犯罪，我们就取缔网络……这样下去，我们退到哪里才是个头呢？原始社会里的弓箭也一样是既可以捕猎，也可以杀人的。

所以说，这种"根本解决"是一种管理者自己图一时省事的办法，是一种不是办法的办法，一种饮鸩止渴的办法。管理者可以图一时的便利，但从长远看，却贻害无穷，最终损害了城市的利益，自然也不利于管理者。解决因工具带来的管理难题，不管多难，但只能从管理上着手，向前看，利用技术进步和管理方式手段上的改进来解决。只有这样做，城市的管理水平才能提高，实现城市的现代化，最终把自己的城市变成真正的国际化大都市。

不过，这种"根本解决"的政策能够出台，表明我们的城市管理者和城市居民之间存在某种隔阂。本来，管理者是受居民的委托进行管理的，但管理者一旦投入运作，往往会产生自己的意志，出现"经营城市"的公司化迹象，在增加利益的同时减少成本。每当面临复杂的城市管理局面的时候，他们所能想到的成本最小的方式就是"根本解决"。到了这个境地，实际上管理者所制定的政策所体现的只是自己的利益，或者大部分是自己的利益。

其实，不仅公共政策，就是一些公共设施的设置也往往只有管理者的视野，不是从公众的方便角度看问题，而是管理者怎样方便怎样安放。所以说，我们的管理者权力的行使，跟公众的距离还是太大，政策的制定，距离以人为本还有相当的差距，还没有比较好的机制能够解决政策制定如何体现公众意志的问题。目前所实行的听证会制度，还不太完善，听证的程序还存在瑕疵，听证的表达往往更多只是管理者的意愿。

客观地讲，三轮车、电动车和摩托车的城市管理问题的确是个难题，但这个难题既是困难和挑战，也是机遇。我们的城市管理，也只有在直面这个难题的情况下，才能真正地迈向现代化。

围墙故事的续篇

前两年，北京有位身为教授的政协委员，提案说要限制低素质人员进北京，事情没成。这几天，又传说广州要把北京的旧事重提，要限制低素质人员进广州。当然，这种"政治不正确"的事儿只要传出来，必然招来骂声一片，网民和学者都很愤怒。不过，我想到的是，这种限制就算政府同意了，怎么操作呢？难道派上重兵，在城市的入口挨个排查吗？现在的城市又没有城墙，人家不从入口进怎么办呢？

限制某一类人进入某个城市，在古代的中国比较容易办到，因为那时候有城墙，排上兵在城门口对进城的人挨个检查就行。虽然限制素质有难度，不像电影里演的鬼子、汉奸守城门查八路军，只要搜身就行，但尽可以出题考试，把城市教育部门主管考试的官员派去站岗就行了。但是现在这种限制，早已龟缩到城里一个个有围墙的小单位了。所以，某教授要想限制某些人进学校，估计只要校长答应，还马马虎虎行得通，只要教授自己乐意带着弟子在大门守着，但是将限制的面积扩大到一个城市，估计没戏。

这种没戏的事儿，总有人提出来，说明这种想法还是有市场的，应该说代表了很多城市人的意愿，尤其是像广州这样治安状况不怎么好的城市里的居民。

中国人是个喜欢筑墙的民族，这原本是农耕民族面对游牧民族压力的一种无奈，但久而久之形成了习惯。墙里套墙，一层又一层，就像当年的北京城一样，紫禁城外面有皇城，皇城外面有内城，内城外面有外城。城里的四合院，也是一道道的墙隔着，进到了门里，迎面还是个影壁，所有的人，都生活在墙里面，只有生活在墙里，心里才踏实。生活中有了麻烦和纷扰，自然而然地指望有若干道墙，从城墙到院墙来将它们挡在外面。事实上，现在希望限制所谓低素质人口进城的人，心里头依然延续着古代围墙的故事。在他们看来，城市治安的恶化，都是这些低素质人口惹的祸，只是现在的墙，变成了城市管理者的权力。

所谓低素质人口，说白了就是指农民工。现在的城市离得开农民工吗？不用说珠江三角洲的工厂，农民工稍有缺口就惶惶不可终日。就说广州城里，所有脏活、累活、苦活、挣钱不多但很麻烦的活，不都是农民工在做吗？一旦真有那么一天，农民工都离开了城市，那么城里人屋子没人打扫，饭没人做，病人、老人没人看护，饭店关门，超市闭户，街上垃圾成堆，下水道堵塞，污水粪便横流。

城里人在享受"低素质人口"带来的服务和便利的时候很舒服，但忘记了这种服务和便利也会伴随相应的混乱，相应的治安难题。尤其是在城里人没有善待这些为他们提供服务的人，反而加以歧视、打压、甚至欺诈的时候，治安的难题自然就更加严峻。每当这种时候，陈年的积习就会自然而然地冒出来，幻想再出来一道道墙，让自己远离纷扰。

当然，这种幻想的背后，还有多年的城乡二元结构形成的城里人的优越感。什么叫素质？何为低素质？标准是什么？实际上没有人说得清楚。在说这种话的人心目中，所谓低素质人口指的就是进城的农民，说人家低素质，明显暗示自己是高素质。别人素质低，不过是因为人家是农村人，自己素质高，仅仅因为自己是城市人。道理上虽然说不通，但却一点儿也不妨碍有大量的城里人如此想。这种优越感，无非来源于计划经济时代形成的一系列城乡隔绝以及对城市的优惠政策。这种政策，在很多方面依然在继续，从而造成了一个国家内的国民有两种不同的待遇这样一种荒唐的局面。

力求维持这种局面，维护自家的优越，心情可以理解。可是古代的城墙早就被拆掉了，昔日的城乡二元结构也正在被打破，市场经济的发展，也使得国家的政策由对民工潮的围堵变成了鼓励和疏导。城市的发展，城市人的发展，只能踩着时代潮流的步伐往前走，农村的人们进城谋生，在给城市带来发展生机的同时，的确也会带来一些城市管理上以及治安上的问题。这些问题之所以成为难题，有体制上的不适应，管理的粗暴，也有城市人无所不在的歧视。客观地说，我们的城市虽然发展得很快，看上去很现代化，但我们的管理者们还没有完全学会按现代社会的方式管理这些城市，在城市里生活的人，也没有相应的心理准备，甚至可以说，没有现代人的素质。

在计划经济时代，我们城市其实只是都市里的乡村，所谓的城里人，不过是享受了一点儿优待的农民，心胸狭窄一点可以理解。但是，毕竟中国已经开放了几十年，城里人的享受、眼界都已经非过去可比，为什么心中那些"中世纪"的墙还是拆除不了呢?

富不出三代的魔咒

随着开放以来发起来的第一代中国富人逐渐进入暮境，年过半百的富豪们，开始操心自己家业继承问题，据说还有人办了专门的培训学校，给私企老板的儿女们上课，甚至进行"魔鬼训练"，为的就是让这些公子哥们能够接班。

凡是需要操心的事，大都是出了问题的事，这种事，在中国，或者说在华人圈里，好像始终是个事，富不出三代，好像是中国富人的一种无计摆脱掉魔咒，不仅做企业的如此，其他类型的富人，乃至贵人，富贵人，都差不多，当然，就今天而言，企业家的继承问题可能对中国的发展更有相关性。

记得过去翻古人的笔记，记不得在哪本书里，有这样的记载，某富人盖大宅子，盖好之后，请工匠坐上席，自己的儿子坐下席，工匠不安，富人说，不妨，你们是盖房子的，他们是卖房子的，理当如此。这样具有知人之明的故事，绝对是经验的总结，前人盖楼后人卖的故事，一代一代在重演，湖南的俗话说，崽卖爷田不心痛，这里的"崽"就是儿子，"爷"就是老子。前代创业，后代败家，好像是命里注定。

如果按学者的说法，中国的富不出三代，实际上要怪我们的继承制度。著名的台湾学者陈其南比较过中国和日本的"老字号"，发现像日本三井这样的几百年不倒的企业，中国之所以没有，关键在于中国分家析产继承制度，老子死了，家产要在诸子之间平分，一个大富豪，分到第二代变成中富豪，分到第三代则为小康之家了。富人如果子孙繁盛，那么家产分散得就更快。

而日本则是长子继承制，家产不会分散，因此传得长远，而且日本还有婿养子制度，如果儿子不肖，不足以继承家业，则从外面招女婿进来，改成这家的姓氏，一样可以顶门立户。

当代中国，一代先富起来的企业家们，他们继承制度的问题，已经基本上被中国的人口政策解决了，反正一家一个孩子，分家析产的问题已经不复存在，但是崽卖爷田的问题，依然没有解决，这也是让众多的富人着急上火的大事。

其实，现在急于解铃之人本身就是系铃人。无疑，除了少数托自己父辈的权荫发家者外，大多数先富起来的人都吃过苦，在奋斗过程中苦吃得就更多，他们创一份家业的初衷，在很大程度却是不让自己的孩子再受苦。于是，富人的子女，无不锦衣玉食，一丁点儿苦也不让沾，出有车，食有鱼，家务活有保姆，加上现在一对夫妻一个孩，有了钱的一个孩，自然要更加宝贝。原本富人子弟就有优越感，富裕的生活本身就是对人炫耀的资本，因此变成纨绔顺理成章。

有人说，现在创业的企业家们忙于自己的事业，没有精力关心自己孩子的成长，其实他们就算是有时间和精力，估计也多半不知道怎样让孩子出息。等到发现孩子已经成了百无一用的纨绔子才知道着急，办老板子弟训练班就是他们集团补救的一种办法，能否奏效还很难说，更多的人是把在国内连个大学都考不上的子女，高价送到外国留学，现在看来效果更不怎样，很多小留学生变成了留学垃圾。

很多似乎很聪明的中国富人，早就在继承问题上采取了放弃的态度，对他们来说，挣的钱反正足够自己的子女花一辈子了。他们已经不指望孩子有什么出息，操不起这个心，也不会操这个心。他们只要想办法，别让孩子败家败得太快就行，至于第三代，第四代怎样，自己眼不见心不烦，管不了那么多了。解放新中国成立前，这些富人的办法是让孩子抽大烟，那时候大烟便宜，有点儿钱的人家，天天抽也供得起，有了烟瘾的人一般不会出去投资玩票，把家产迅速败光，大抵可以看着这个孩子能丰衣足食地过一辈子。现在不指望孩子出息，只希望孩子享福的富人不少，但古人的招数不能用了，新的招儿还没想出来，因此崽卖爷田，而且卖得很快的故事，还会层出不穷地上演。

走出这个魔咒的办法不是没有，学学比我们更富的某些西方富翁，儿子如果不成器，宁把钱捐给公益事业也不留给儿子。产业的管理，主要靠职业经理人。同时，富人的家教是让一个富翁的儿子成长过程跟一般老百姓一样，挣一分零花钱也得付出劳动。

银子堆出来的白象——中华文化城

山东济宁要建中华文化城,就建在曲阜和邹城之间的九龙山上。这个城,据说是要建成中华文化标志城,还有一说是中国的文化副都,凡是需要祭拜磕头的仪式都挪到这里办。初步预算 300 个亿,估计十有八九不够用,有关人士已经放出话来,这 300 亿仅仅是启动资金而已。既然叫作中华文化的标志物,那么,伏羲女娲、尧舜禹汤、黄帝、炎帝,乃至关公、妈祖什么的,一股脑儿都得搬家,来新居落户,孔孟自然也得移民,虽然距离不远,还是免不了要走上几十公里。

不过,这样一来,不知道这些标志物的老家会不会有意见。其他省份能这么痛快"割爱"吗?就算不迁坟动土,以后祭黄帝炎帝都到济宁,黄帝陵所在的陕西,炎帝陵所在的湖南能干吗?其他地方也一样,以后要祭祀就都奔济宁九龙山,我们这地方不是像《红楼梦》里晴雯一样,枉担了虚名吗?

因此,最大的可能是,此例一开,各地仿效。原来的陕西黄帝陵、湖南的炎帝陵、浙江的大禹陵,以及已经建成的假古董山西的尧城、河南伏羲台,纷纷扩张,你叫中华文化城,我叫中国文化城,或者炎黄文化城、九州文化城、禹域文化城,反正老祖宗留下的中国的代称很多很多,不愁起不出名来。如是这般,不知道又有多少个 300 亿要扔到水里。

我们中国人就有这种强固的爱好,一边说是提倡传统文化,一边硬是要把真正传统的东西扔在一边,烧大钱建新的,用钢筋水泥花岗岩堆出一个又一个貌似古人旧物的伟岸建筑来。没人乐意花钱修旧，却偏偏热衷烧钱建新，这样复兴传统，大概传统只好去见鬼。

当然，钱肯定不会白烧，我们暂且假定所有建设大规模（可以申请吉尼斯世界纪录）假古董的人个个都有古君子之风，断然没有借机牟利者，成百上千亿的资金砸进去，一座座城池拔地而起，拉动地方经济，至少在建设过程中拉动一地的经济是可以肯定的。古人搭台，今人唱戏，唱的都是经济戏，是多快好省拉动 GDP 的好戏。至于建成之后能不能如规划者所料，游人如织，祭拜者相望于道，守城的人撑开口袋装钱，那就只好听天由命了。

只是，听说中国好像还是发展中国家，还有几千万的贫困人口，还有很多很多的人有病没钱看，很多很多的孩子没钱上学，花点儿银子玩文化也就罢了，还要建城。这种城，就算建得美轮美奂，有人认它当文化遗产吗？就是打算蒙人家海外华人的钱，也得有点靠谱不是？

西方把大而无用的东西，叫作白象，我们文化城也是白象，用银子堆出来的白象。

农民工也要安居

十一届全国人大代表，来自重庆的康厚明很引人注意，因为他是一名农民工。尽管康厚明已经是一个老建筑工人，而且在 2005 年获得过全国劳动模范的称号，但是他的身份却依然是个农民工，确切地说是个重庆某县某乡某村某组的农民，进城打工多年，干的是纯粹的工人、甚至技术工人的活计。

尽管人们都承认，现在中国的产业工人大部分是进城打工的农民，这些放下锄头的站到流水线和脚手架上的农民早就成为中国工人的主体。但是，无论这些农民在工人的岗位上做了多少年，实际上已经熟悉和习惯了工厂生活，娴于工业技术，有些人甚至成为技术工人和技术人员，相对而言，对于农活反而要生疏，乃至根本不懂了，人们还是称他们为农民工，只因为在户口本上，他们的身份，是某村某组的农民。作为人大代表和建筑工的康厚明很热爱自己的职业，他看着一座座高楼在自己手里拔地而起，感到很自豪。技术的进步，使得作为建筑工人的他们逐渐从体力劳动中解放出来，很多活都由他们操作机器来做，因此他和工友们已经学会了很多技术。

显然，康厚明他们现在掌握的技术，跟他们从前做的农活没有多少关系，如果这些技术可以作为他们的谋生手段的话，则意味着掌握了这些技术的农民工们今后的谋生选择大体上只能在城市里，在跟工程和工厂有关的行业里。也就是说，他们实际上不大可能像我们某些城市的地方官想象的那样做候鸟，在城市和乡村之间飞来飞去，在城市里干不动了、做够了贡献，就回到乡村自己的窝里再靠刨土过生活。对于这些农民工来说，很可能已经把自己的家眷也带进了城，妻子在做小时工，由于不乐意让子女做留守儿童，他们的儿女则可能在打工子弟小学读书。等到在城市边缘长大的第二代成长起来，尽管对所居住的城市有一肚子的不满乃至仇怨，但是他们更不可能回到农村去生活，因为那已经是遥远而隔膜的父母之乡。

但是，只要康厚明他们头上农民工的头衔没有去掉，他们引以自豪的行业和付出心血的城市就没有做好接纳他们的准备。对于所在而且付出了青春的城市，他们只能是流动人口，处在边缘的边缘。因为即使是廉租房也没有他们的份，虽然这些房子就是农民工们一砖一瓦盖起来的。农民工为之付出了心血和汗水乃至生命的城市，至今还没有准备好给农民工一个家。

正因为如此，人大代表康厚明现在最关心的就是农民工的就业、住房、医疗和子女就学的问题，这些问题归结起来就是一个家的问题。没有家，就意味着农民工所在的城市对于他们来说就是一个他者，不管农民工做过多少贡献，也不管农民工事实上只能依靠这个城市过活，城市都是他们可望而不可即的陌生土地。

这种现状不仅对于农民工来说，是一种现实的困苦和悲剧，他们要为此付出更多的辛苦还换不来跟城市居民一样的待遇。更危险的是，这种现状对于城市的未来有着更加严重的威胁，因为很可能因此培养出一大批对所在城市怀有强烈不满的边缘人，缺乏教育，没有技术，却有强烈的挫折感。

但愿，这样的威胁，会在康厚明以及很多关心农民工的人大代表的努力下及时得到消解，随着我们的城乡统筹政策的逐步完善，粮食会有的，面包也是会有的，一个简陋而温馨的家也是会有的。

燃放鞭炮的民主和人道问题

　　每年过完春节，关于是否应该燃放烟花爆竹的争论就会出来，大家争不出个名堂，政府也只好禁禁放放。而现在的趋势，基本上是弛禁的局面，可以预计，明年会有更多的城市开禁，而北京开禁的尺度会更大。开禁的理由是民意，自从禁放以来，越来越多的人抱怨过年没有年味，没有气氛，似乎如此下去，年将不年，国人的传统也随之消散。

　　我不否认，如果在全国举行公民投票，估计十有八九是支持开禁的人占多数，如果简单地理解民主，理所当然地应该服从民意，听任老百姓燃放烟花爆竹。但是，我不认为，过年燃放鞭炮是一个民主程序可以解决的问题，甚至可以说，像这样的问题根本不应该用投票或者其他办法考察民意多寡来解决。

　　春节放鞭炮是一个很古老的民俗，它本身蕴含了中国人在每年辞旧迎新之际，驱魔祛邪，求福迎吉的强固心理，也契合了国人大人孩子过年追求热闹的心情，因此属于一种具有巨大需求的民俗习惯。但是，这种习俗产生之初仅仅是放爆竹，没有什么火药，大家听个动静不大的响声而已。后来有了火药，但由于制作技术粗糙，而且人们的购买力有限，动静也不是很大。记得我们小时候鞭炮都不是很响，比较响的二踢脚非常少，很多人家都买不起，过年放鞭炮，也就是星星落落。然而，随着改革以来人们的生活逐渐富裕起来，买花买炮不再是个问题，而且好像烟花爆竹业技术也突飞猛进，感觉鞭炮是个头越来越大，越来越响，一度有些鞭炮看起来简直就像手榴弹。

因此每到过年，居住十分密集的城市里放起鞭炮来，简直令人恐怖，在外人看来，完全像是在进行一场真实的战争，爆炸声震耳欲聋，即使在密封相当好的房间里，两个人对面说话都听不清楚，空气里弥漫着呛人的硝烟味，呼吸困难。

放鞭炮放到这个份上，事实上，无论有多少人支持都不应该了，且不说放的人本身不慎造成的伤害，就算人人都炸不到自己也不应该。每个人群里，或多或少都有害怕惊扰的病人和老人，以及尚在襁褓之中的孩子，这样强度的爆炸声已经足以令这些人受到很大的伤害，某些特别敏感的有心脏病的人因此死亡也不是不可能。同样害怕爆炸声的还有跟我们生活在一起的鸟以及各种小动物，真不知道从初一到十五这些天，它们都是怎么过来的。我只知道，郊区很多农家养的鸡会因此很多天不下蛋，甚至死掉。

害怕爆炸声的老人、病人和小小的孩子肯定属于少数，但是他们过安静生活的需求却是根本性的。这种需求跟一般老百姓的民俗需求不在一个层次上，民俗需求是一种额外的附加性需求，只考虑多数人的额外需求而放任爆竹放肆地轰炸，少数人的生命因此遭受伤害，这是不公正的。就像人们不能用投票的方式决定是否取缔一个人的生命一样，涉及人们的生命安全的问题时，即使仅仅涉及的只是少数人，民主也必须在此却步，因为这是人之所以为人的人道问题。

如果要考虑过年过节的气氛，我倒赞同过年可以放一点响动不大的烟花，让烟花的美丽点缀节日的天空。当然，最好有一定的组织和控制，防止由燃放烟花导致的火灾。

嗜血儿童的制造者

　　几年前，在电视剧《小兵张嘎》热播的时候，我曾经写过一篇文章，批评了这种把战争当儿戏的"儿童剧"，露骨地面向儿童宣扬一种很不健康的战争观。今天，看到了电视里播放的国际恐怖分子在阿富汗摄制的一段录像，一个12岁上下的儿童充当刽子手，用匕首杀死一名所谓的"叛徒"，然后一点点地割下他的头颅。这样的画面，让我感到我当年的文字实在说得太浅薄、太轻飘。让未成年的孩子卷入战争，让他们习惯于嗜血、杀戮，甚至将杀戮看成自己的娱乐，委实是人类的一种最深悲哀。看着那个稚气未脱、眼睛里充斥着仇恨和兴奋的阿富汗孩子，那些非洲内战中兴高采烈地拿着卡式冲锋枪到处扫射的童子军，想到国内越来越多的未成年的罪犯，那些动辄杀人、非常残忍地杀人的孩子，其中还有女孩子，心中五味杂陈。

　　成人之间的杀戮往往都有正当的理由和借口，尤其是这种杀戮形成一定的规模，变成战争的情况下更是如此。我相信，国内那些以孩子为主角的战争片都有非常正当的道理，因为被消灭的对象都是十恶不赦的敌人。我不怀疑这些道理的正当性，不过如果从指使孩子行刑的恐怖分子角度来看，他们肯定也有一些理由用来说服孩子。恐怖分子的对手，也同样是他们无法饶恕的敌人甚至恶魔，而叛徒无论在哪种文化中，都是最可恶也最可鄙的人。一个12岁的孩子能够兴奋地执行杀戮，显然他是被说服了，相信他被灌输的一切。很显然，那些在孩子身边的人，就是要通过这种方式给孩子幼小的心灵里注入仇恨，培养他们事业的接班人。也许，这个孩子在不久的将来，就会成为自杀式袭击的人弹。

当然，我们可以说国际恐怖分子的道理不对，我们的道理对。但是，作为孩子能分清这些吗？在往昔的战争岁月，让孩子卷入战争也许是迫不得已。但是，作为和平发展的今天，依然宣扬这种孩子参战的故事，而且宣扬得如此轻佻、如此儿戏，好像战争就是孩子的杀人游戏，还能那么理直气壮吗？

电影、电视，仅仅是嗜血儿童制造者的一小部分，大头是网络和电子游戏。这些游戏中，有相当大的部分属于一种儿童可以亲自"参与"的杀人体验，比起电影、电视更有快感、更有刺激、更有参与性。随着游戏的逐步升级，杀人游戏变得越来越富有挑战性，也越来越血腥，杀手也越来越没有人性。

虽然我们知道这些游戏都是虚拟的，尽管随着游戏的制作技术越来越高，人的形象也日益逼真，但毕竟是虚拟的，制造商们可以有充分的理由说，那是一个虚拟世界的事情，绝非现实中的真人实事。看了一场电影，玩了几次游戏，直接导致模仿杀人，这种丧失理智的情形好像也并不多见。但是，这种东西见多了，多到一定程度，往往会在人的脑子里产生"潜移默化"的作用，即便是成年人也未必能够有效地克制这种作用的诱惑，何况心智发育不健全的年轻人。现在，越来越多的犯罪虽然不是游戏的直接模仿，但或多或少都有游戏的影子。

在某种程度上，网络和电子游戏具有很大的成瘾性，孩子进入游戏之后，往往不能自拔，或者说根本没有能力摆脱游戏的诱惑。在这些成瘾的孩子那里，什么是虚拟世界，什么是真实世界往往是混淆的，至少界限不那么清晰。对于游戏成瘾的孩子而言，游戏尤其是那些制作特别高超、特别考验人智商的游戏，对他们的支配力是无与伦比的。如果这种游戏恰好十分血腥，那么它们扮演的角色就跟教孩子杀人的恐怖分子一样。

作为一个在处于中国重点大学教书的教师，尽管接触的净是些所谓的听话的好孩子，可我还是能感觉到我们的战争文化，尤其是游戏文化对孩子的恶劣影响。我知道，在我们的大学校园外面，有更多的问题少年在困扰着我们的家长，我们的教育工作者，甚至是执法人员。

教育孩子是一件非常困难的事情，如果我们还不能做到最好，那么至少我们可以让孩子远离血腥。

黑窑的存在与揭黑记者的命运

在黑砖窑事件的报道中，我注意到了一个现象，黑砖窑山西的运城地区最多，而这个地方恰在几年前发生过一起令全世界的新闻媒体震惊的事件，一个揭黑记者以莫须有的名义被抓进了监狱，判刑八年。现在，这位记者已经被提前释放，案件却没有能平反。现在，黑砖窑事件发生了，而且不是一个两个。运城，再一次让人们记住了它的名字。

只要什么地方揭黑受阻，那么黑就会更多，如果什么地方揭黑者受到了惩罚，那么黑就会泛滥成灾，黑得令人发指。凡是阳光照不到的地方，就是黑的世界，凡是有人想用黑幕遮掩的地方，也是黑的世界。那是一个黑暗、冷漠、没有人性的世界。不仅仅是黑砖窑里面的人没有人性，砖窑的周围，也一样没有人性。一个劳动监督部门的工作人员，居然把已经被解救出来的奴工转卖给了自己的亲戚，事发之后，得到的处分居然仅仅是降两级工资！在事情没有惊动中央之前，当地的政府和执法机关难道一点儿风声都不知道？那么多失去孩子的父母来找，难道他们一个也没有见到？"感谢"那个劳监部门的工作人员，他的存在给了我们答案。

社会的整体性冷漠从官府开始，仅仅有中央政府的努力是远远不够的，让舆论监督成为事实，揭黑者不再受到打击报复，黑才难以横行。

山西等地的黑砖窑事件已经沸沸扬扬了，很多人抨击黑砖窑的背后自然少不了权力做保护伞。正是有了保护伞,黑窑主才会如此胆大妄为。当然，不排除黑窑买通个别执法人员对自己进行保护，但是说已经形成了一张保护伞，我觉得倒未必。毕竟，为了区区一些小砖窑而冒如此大的风险，估计没有多少人这样傻。黑砖窑的存在，如果要在政府方面找原因的话，关键在于地方政府制度性的冷漠。

虽然黑砖窑大都设在偏僻的山区，但是由于开设时间很长，不可能地方政府一点儿都不知道，尤其是那些子女被拐卖的父母来山西寻亲的络绎不绝，更是足以引起当地的注意。但是，尽管你不能说当地政府完全没有作为，但毕竟作为不积极。甚至发生过警察限制寻亲的父母透露别人孩子的消息，劳动监督部门工作人员把已经解救出来的童工再次倒卖的现象。这种现象虽然也是个别的，但却反映出当地政府对此不作为（如果政府重视的话，个别工作人员断不敢如此大胆，顶风作案）。

个中道理非常清楚，一来寻亲的父母不是本地人，人数再多也对本地执法机关造不成什么压力；二来摧毁黑砖窑需要成本，但在这个成本谁支付还是个问题的情况下，执法机关自然不会积极；其三，这是最关键的，打击黑砖窑不是当地当前的任务，没有来自上面的压力，地方政府自然趋向于不作为。正因为如此，黑窑的奴工现象才愈演愈烈。

很多学者都指出过，我们现在的政府是压力性政府，一边是运动式的政务推行，一阵一个政治任务，一边是直线的行政命令，一把手负责制，一票否决的行政指标，一级压一级，层层推动。凡涉及地方利益的政务，有利者则地方政府无不大力推动，甚至变本加厉，无利者则有气无力，视上级的压力决定自己的作为。至于"有害者"，则软性抵抗，划中央政令于无形，令其自然消解。

还有学者指出，我们现在有的政府是公司化的政府，对自己的行为的收益成本无不计算得清清楚楚。然而不幸的是，这种理性的背后是绝然的冷漠，凡是对自己不利的事情、需要付出成本而又无从弥补的事情、可以招致麻烦的事情都自动地不作为。这种理性，把理应存在的道义、公正居然都驱赶得一干二净，使政府变成了冷漠麻木的经济动物。像黑砖窑奴工这种灭绝人性的现象存在如此之久，山西省各级政府从上到下一直悄然无声。而在媒体披露，中央最高领导批示之后，则上下动员，全力以赴，很快就扫荡了黑砖窑。说明山西的政府非不能也，而不为也。不作为的根本原因是制度性的冷漠。

政府及其公务人员，无论哪一级政府和公务人员，都应该为人民服务的，如果要想得到人民的认可，必须为人民办事。退一万步说，即使谈不上为人民服务，也绝不能在自己的工作领域上无视黑砖窑这种罔顾基本人道的事件发生。

戏台上的百姓

医学家说，眼睛是受脑袋支配的，这话不假。当脑袋进水的时候，眼见为实这句话，其实是不管用的。

上海外教激起众怒的背后

前段时间，有位据说是在上海工作的外国教师，在自己的博客上，比较夸张地描写了自己跟几十个中国女人的性经历，这个博客描写被一位中国教授发现后，立即引起了网上的轩然大波，不仅举国共讨之，而且愤激者还扬言前去抓捕这个"流氓外教"。大概发现自己惹了众怒，于是这个外教赶紧声明，自己在博客上写的无非是一种行为艺术。事情真相如何，到现在也不明了。

当然，这个外教的行为（就算是行为艺术也罢），按我们现行的道德标准，的确有点出格，甚至可以说是龌龊，该骂。但是，在这阵阵的骂声中，反映出来的某种国人持久不衰的心态。关于这个事件，如果涉及的仅仅是外国人，也就是说，那个外教的所有性伙伴都是外国女人，那么我们的网民还会这样激愤吗？可以肯定地说，不会。事实上，大家之所以愤愤不平，甚至义愤填膺，不只动口，还要动手，关键是因为老外动了"我们的女人"。这个网络事件，跟更早时候发生的珠海日本人集体嫖娼事件，所导致的民怨沸腾相似，在国人内心激起的倒海翻江，本质上有异曲同工之妙。反过来，如果中国人动了外国女人，尤其是西方包括日本女人，无论是不正当的嫖、一夜情，还是名正言顺的"涉外婚姻"，大家无不兴高采烈，自我标榜说是报了八国联军和南京大屠杀之仇，好像做了一件为国争光的大事。

其实，没有人不明白，跟八国联军和南京大屠杀时侵略军的强奸暴行不一样，现在发生的中外"男女关系"事件，无论是"行为艺术"的上海外教还是买春的日本人所作所为，也包括让国人引以为豪的中国男人动了外国女人的各类接触，实际上都是两相情愿的。我们不管多么的生气和愤怒，都挡不住某些爱慕虚荣或者实惠的中国女孩子傍老外，就像我们挡不住她们中的某些人傍大款一样，同样，我们也管不了"小姐"们挣外国人的钱，即使网民们为此举起"森林般的手"阻止了小姐国内的生意，也阻止不了她们的"劳务输出"，据报纸说，连阿富汗这种贫穷落后而且战乱不息的国度，都有了她们的身影。

这种现象无疑是可悲的，但是可悲在于这种蕴含在国与国之间两性关系的不平等，奴隶味道的性交易以及由此带来的人的尊严的丧失，而不是谁动了谁的女人。本质上，对于"我们的女人"的这种特别的在意，是一种"部落意识"，女人是物，是部落的财物，男人活不下去的时候，就要拿女人来换钱，卖孩子首选是女儿，做丈夫的也可以把妻子典给人家，就像典当一件皮袄一样。男人们彼此征战的时候，征服者不仅要烧光被征服者的房屋，掠走财物，而且要占有对方的女人。在历史上，汉人打不过北方的游牧人的时候，往往要献上"女子玉帛"，换取一时的平安。这种奉献，实际上代表着被对方的"半征服"。八国联军和侵入南京的日本人，表演的都是一种所思所为都属于中世纪的兽行，从这个意义上说，参加八国联军号称以文明讨伐野蛮的西方人和一门心思脱亚入欧，自以为很文明了的日本人，并没有走出丛林。

在近代的很长时间里，所谓的文明民族，也一样难以接受自己民族的女人被"野蛮"或者"低等"民族中人"侵犯"的事实。上个世纪上半叶的美国，一半以上的被私刑杀戮的黑人，原因都是他们"碰"了白人妇女，无论这种"碰"是想当然，还是白人的幻觉。在差不多同一时期，上海的西方人，也无论如何都接受不了十月革命后白俄女人在华卖淫的事实，看到白种女人被中国人睡了，又叫又跳，甚至不惜花钱供养这些白俄女人，直到供不下去为止。还好，这种维护白人尊严的傻事，他们现在已经不干了（虽然当年的三 K 党还在)。

从这个意义上讲，我们的国人还是有点儿进步的，毕竟，当年八国联军打来的时候，我们的先人们居然把"以身事敌"、传说跟八国联军统帅瓦德西睡过的妓女赛金花捧到了天上。那个时代，是我们奉献女子玉帛而且心甘情愿的时代。现在，我们的网民们，已经有了觉悟，觉悟到了上个世纪上半叶的西方人的水平，自家的女人不让动了，动了就要嚷。当然，我们这些网民们，虽然网上表现疯狂，跟当年捕杀黑人的三 K 党人和美国小镇的居民还是不一样，基本上属于动口不动手（或者仅仅宣称动手）的君子，其实大家都知道，什么暴力都不会发生，当然，更没有人傻到出钱给那些跟外国人做生意的小姐，赎回她们的身体以维护男人的尊严。

只是，进步了的国人，心目中的女人还是物，是一种经常在我们心里会引起某种酸味的物。

洋人的膝盖

洋人跟我们一样，都是人，是人就有膝盖，基本构造没有什么两样，除非像我们古代一个伟大的兵学大师孙膑一样，被人"膑"掉了。不过，这个道理，曾经有一度中国人不太明白，说起来事情是洋人惹起的。

乾隆末年，英国马嘎尔尼使团来华，打着为乾隆皇帝祝贺80岁生日的旗号，要求建立平等通商关系，礼物没有少送，从钟表、光学仪器到新式火炮，一大堆东西，但唯独见了皇帝不肯弯曲自家的膝盖下跪。结果呢，建立关系的请求泡了汤，除了一个随团来的孩子得了一个乾隆赏的荷包，使团一无所获地离开了中国，礼物原封不动地被封存在圆明园里。

1860年英法联军打上门，抢掠的圆明园财宝中，有一小部分原是大英帝国的东西。

马嘎尔尼使团回去以后，西方有了很大的动静，此前来华传教士们多年宣传所建构的那个理性的中华帝国影像破灭了，使团成员用自己的记录和素描，向欧洲人展示了一个外强中干的东方大国的形象，从此埋下了以武力打开中国大门的伏笔。与此同时，在他们走过的中国，也留下来两个相关的传说。

第一个传说有点儿阿Q的味道，说是虽然洋鬼子嘴上硬，坚持不肯下跪，但见到皇帝那一刹那，天威之下，居然双膝跪倒。第二个传说有为鬼子开脱的意思，说是洋鬼子不肯下跪，是因为他们的膝盖不能打弯，直腿，属于生理问题，不是态度问题。马嘎尔尼回去之后欧洲发生了什么事情，中国人不知道，也不想知道，但这两个传说，却一直在坊间流传，传得中国官员军民人等都知道。一直到1839年林则徐来到广州禁烟，连这个号称第一个睁开眼睛看世界的人都信。

林则徐来广州禁烟的时候，底气很足，底气建立在两个"情报"上，一个是洋鬼子天天吃干牛肉粉，如果没有中国的茶叶和大黄，就会大便不通，胀死；一个就是我们上面说的鬼子膝盖打不了弯，打仗的时候，肉搏很吃亏。

好在林则徐到了广州之后，亲自观察了洋人，而且还特意去了一趟澳门，跟洋鬼子来了个近距离接触，总算有点儿明白了。从澳门回来以后，请人收集西方的"新闻纸"（报纸），编了《四洲志》，还从一个在广州的洋人医生讨来了一条疝气带，治他的疝气病。

不过，林则徐明白的事情，其他的中国人依然不明白。尽管林则徐编的《四洲志》已经被魏源改编成了《海国图志》，印成了书，但看的人，却寥寥无几。京城内外的官员们，依旧津津乐道那些关于洋人直腿的传说，直到第二次洋人打上门。

第二次鸦片战争期间，英国人和法国人动了武，但参与修约谈判的美国人却没有跟中国人撕破脸皮。所以，在战争还在进行的时候，美国的使节进了北京，而且被告知可以见皇帝，只是必须下跪，哪怕仅仅跪一下，一小下也行。没想到，美国人一小下也不肯，一个中国官员说，你们就是现在不答应跪，见了皇帝，天威之下，自然就跪了。美国人说，肯定不跪，我们只对上帝和女人下跪。无计可施的中国官员，最后只好认定，洋鬼子的膝盖的确不能打弯。跟他们有同样认识的还有前线的一批军官，因此他们准备了很多长棍子，预备在跟鬼子短兵相接的时候，冲鬼子下三路下手，把他们扫倒。

当然，洋人的膝盖，一直都跟我们的一样，能伸能屈，活动自如。不是洋人的膝盖出了问题，而是国人的脑袋有点儿进水，他们总是喜欢用自家的想当然来解释那些他们不太明白的事情，根本不在乎这些想当然的故事本身就自相矛盾，逻辑不通。其实，中国人在马嘎尔尼之前，也不是没有见过西洋人，不仅有洋人在朝中为官，而且葡萄牙人、荷兰人以及北边的俄罗斯人都来过，而且见皇帝的时候都下跪过。可是，一旦碰到洋人不跪的事实，大家还是回去各自编故事。医学家说，眼睛是受脑袋支配的，这话不假。当脑袋进水的时候，眼见为实这句话，其实是不管用的。

人有权不受监视地生活

眼下，中国城市里已经成了视频头的世界，到处都是。公共场所有，不那么太公共的地方，也有。害得老头不敢轻易提裤子，女孩担心走光。不过，据说这种视频头还是有好处，很多涉及银行的犯罪，最后破案都跟这种"高科技"有关。

当然，为了公共安全，在某些情景下忍受一点儿窥探，也是没办法的事，谁让现在的犯罪这么猖獗呢？不过，这种窥探如果进入了居民的家里，那么无论如何都是没有天理的。然而，这种事情还真就发生了。据报道，广东东莞为了遏制犯罪，准备在居民出租屋内安装视频监视系统。如果这个措施实行，那么就意味着凡是租房住的居民，一举一动，甚至夫妻情侣之间的亲昵，都暴露在跟自己不相干的人们面前。不知道出租屋的卧室里是否也有视频头，如果有的话……算了，我都不敢想下去了。一句话，也就是说，凡是租房住的人，就没有了隐私。

我们知道，住出租屋的大多为外地人，农民工又占了其中的多数，而珠三角一向是犯罪高发区，很可能像当地警方说的那样，很多犯罪跟出租屋有关。但是，租房住的也是公民，不管他们是外地人也罢，农民工也罢，甚至是有过犯罪前科的人也罢，他们都是具有宪法保障的公民。他们跟我们所有的人没有什么两样，都有权利在自己的家里不受监视地吃喝拉撒，过性生活。只要租约成立，办理了合法手续，他们所租住的房屋就是他们的私人空间，风进得雨进得，国王进不得，更不用说有关部门安装监视设施。

东莞的犯罪率再高，也不等于外来人都是罪犯，且不说正是这些外来的农民工才带来了今日东莞的繁荣，就算他们什么贡献也没有，只是在广东吃白饭，也没有任何道理将视频监视系统装到人家家里去。

我们的城市管理者，已经习惯了过去那种画地为牢的管理方式，人们日复一日地被束缚在一个一个小的方块里，单位、街道居委会，把所有人都管得死死的，出城就需要介绍信，探亲需要上临时户口。社区里出现一个陌生人，用不着警察，小脚侦缉队就上去给他拿下，一个片警可以管一大片人，任何风吹草动，都在群众专政的监视之下。然而，这种美好的日子过去了，城市里的外来人口一天天增加，像珠三角这种地方，外来人比本地户口的人要多上不知多少倍，今儿进，明儿走，鱼龙混杂。画地为牢的老套路已经失灵，退回去又没有可能，需要更现代的管理思路和方法，自己不会，可以出去学。然而，我们的城市管理者与时俱进的功夫却差了很多，总把希望寄托在高科技上，也不管这种高科技的方式是否侵犯了人的基本权利。说实在的，这种高科技的管理，其实一点都不高明，他们的基本思路，实际上是从监狱管理者那里学来的，将所有人都放置在视线之内——高科技的设施，只是他们延广了的眼睛。

居民的住所，不是监狱，这一点，一定提醒有关部门注意，再注意。

"国"字及其滥觞

有山东人提议，要把泰山定为国山，因为泰山特别了不得，不仅过去的皇帝封禅到这儿来，孔子也来过，还说，登泰山而小天下，总之是留下了无数的文化遗迹。结果，安徽人不干了，说俗话说得好，五岳归来不看山，黄山归来不看岳，要定国山，怎么也得是我们黄山。不知道过一阵峨眉山、昆仑山甚至喜马拉雅山会不会加入争夺，按这个逻辑走下去的话，国内大大小小的名山，估计都会被所在地爱乡爱山的人们拖进来，为在自己的头上加一个"国"字，而打成一团。

有关"国"字的争讼还不止这一桩，前一段网上就在争"国花"，有人愤愤：说牡丹凭什么当国花？大红大紫，媚得要死，国花应该是梅花。这么一来，拥护牡丹的，自然要护驾，半路里拥护兰花的人，插进来拥戴兰花。估计继续打下去，菊花也会加入战阵，好好的花，居然被拉扯得"我花开后百花杀"，硬着头皮披甲戴胄，做杀气腾腾状。

很长时间以来，中国人对"国"字不是很敏感，在春秋以前，国不过是介于天子的天下和大夫的家之间的一个层次。后来大一统了，国人眼里的国家，也是含含糊糊，有时候指所当的王朝，有的时候又不是，国之外，还有天下，反正我们在天下中心，周外有多少国，理所应当都该归我们管。只有某些阶段某些和尚喇嘛被尊称为"国师"，下围棋的高手被称为"国手"，除此之外，"国"字一般不会轻易加到某种东西或者人的头上。

近代以来，我们的"天下"被打破了，中国人从自己天下的中心滑落到了人家世界的边缘，于是乎"国"和"国家"概念开始凸显，有好事者还找来西文的词来对应，讨论到底该是"nation"哪，还是"state"。另外一些好事者则操心这么西化下去，中国的宝贝要沦丧，急于抢救"国粹"，于是，中国的学问被称为"国学"，中医被称为"国医"，武术被称为"国术"。"国"字号的名单，随着时间的推移，不断地在增加，我们的队伍向太阳，越走越长。最早冒出来的是国花，就是看着别的国家有这样的叫法，我们也跟着叫，当时，是大家公认的呢，还是外国人替我们挑的，不清楚，反正就是牡丹。国家围棋队的选手，自然还叫国手；在国家队踢足球的，叫国脚；央视的主持人，叫国嘴；某些古董宝贝，被叫作国宝。趁着眼下收藏热，凡是叫"国宝"什么的电视纪录片，都热播。后来，国宝又被用在了动物头上，比如大熊猫，比如金丝猴，某些人也被称为国宝，比如国学大师。而且这种拿人称国宝的趋势大有蔓延之势，凡是在某个行业有点儿名气，而且有一把年纪的人，一不留神都会被人很受用地尊为"国宝"。出众的美女，当然也得跟"国"沾边，于是中华小姐大赛，一届一届赛起来，戴王冠的中华小姐自然就算是"国女"。"国山"的争议，实际上是"国"字队伍扩军的自然结果。

沿着这个逻辑走下去，估计日后还会有"国城"，西安、开封、北京、南京，甚至杭州、上海都会加入争夺，最后的结果，大家都是国城，在自己城市的名字后面，添一个括号，里面注明"国城"俩字。还会有"国江（河）"，长江、黄河属于当然之选，珠江也不会落后。最后可能还会有"国平原"，这个简单一点，哪个面积大算哪个。"国丘陵"，这个麻烦，必打成一锅粥而后不止。

大家干吗非要跟这个"国"字较劲呢？注明"很长时间我都想不明白。直到有一天，发现某著名书商（现在此人已经逃到了国外）在他出版的一套书的封面上，国礼"俩字，说是国家领导人将他这套书当成礼物送给外国人了，这才恍然大悟，因为这套书，加了这俩字之后，卖得相当好。把某某山尊为"国山"，是否有利益的驱动，我们不敢妄言，但只要此事成了功，那么，泰山或者别的什么山的旅游点级别是不是会因此加个星？门票是不是会加价 N 元？会不会因此而导致游客如潮涌般过来？让山上的旅游管理部门点钞票点到手抽筋？

但愿，我们只是在瞎猜，以小人之心，度君子之腹。国人从前崇拜皇帝，家里供的排位，写着"天地君亲师"，后来改了，变成"天地国亲师"，从崇拜皇帝变成崇拜国家。一度，单位是国家单位，官员是国家干部，工人是国家工人，连个早点铺子，也得是国营的才让人放心。改革开放后很长时间了，每次出差出了车站，旅店拉客的，都"国营旅社，国营旅社！"地叫。有头脑的人，都是心理大师，能看透别人的心思，尤其能看透大众的心思，只要大众对"国"字的迷信还在，这些聪明人就会变着法地跟"国"字纠缠下去。

拳民不是秘密的秘密

拳民就是义和团的成员，这种称谓是义和团运动发生的那个年月的产物，没有褒也没有贬，他们的对手被称为教民。在那个农民起义比较被看重的年月，中学生都知道，义和团跟太平军不一样，没有统一的领导、统一的组织。但是没有统一组织的拳民却穿着差不多的服装，黄布包头、红肚兜，行为方式也高度一致，都是集中在一处（拳坛）"亮拳"，表演神灵附体（上法），然后舞刀弄枪，用大刀片往坦露的肚皮上砍，扎枪顶着咽喉，展示"刀枪不入"的本领。从山东到直隶，从河南到山西，北方偌大面积的土地上成千累万的义和团都差不多，好像背后有一只看不见的手在操控一样。

很长时间以来，义和团研究是个显学，但是学者都忙着给义和团找根正苗红的"爹"（组织源流），只是这个出身好的爹总也找不准，大家吵成一锅粥，有的说义和团源于鲁南半土匪性质的大刀会，有的说源于谱系上曾经有过造反历史的民间教门八卦教，有的则说是源于跟教会有冲突的民间拳会梅花拳。除了这几样之外，学者们找到的其他的组织源流这个教、那个门，总括起来能有几十种之多。"爹"找不明白，儿子的秘密自然也没人理会，一本又一本的著述问世，但拳民到底是怎么回事，看了之后依旧不明白（因为没有人屑于说）。

其实，当年的史料文献和后来的口述材料说得很清楚，义和团大体上由这样几部分人组成，一是老师，或者叫师傅，属于传道授业的。义和团的行为方式很大程度上取决于老师，老师都有"法术"，说起来都是从峨眉山、

179

昆仑山什么地方下来的，有异人相授，比金庸先生还要早些给这些山抹上了带有气功和武功的神秘色彩。当然，实际上这些老师也都是乡下人，本没有什么特殊的本事，不过见过点世面，胆子大，敢说也敢做，就成了老师。好在要教的东西也不难，无非是点半像气功、半似杂技的玩意儿。这种玩意儿现在依然有人玩，比如用刀往运好了气的肚皮上砍（注意事项：不能用刀划，一划肯定出事），扎枪顶着咽喉（注意事项：找好角度，否则穿帮）等。还有的有点儿类似于前不久曾经很是流行的气功，老师装神弄鬼弄几下，接了功的弟子们马上像神鬼附体一样，乱蹦乱跳，一跳老高。不同的是拳民们荷枪带棒，手里有家伙，而且上法（接功）之后，往往宣称自己是什么什么神仙附体，跟乡间跳大神的巫婆神汉差不多，跳够了，马上精神萎靡，回复常态，回家照吃煎饼。

当然，老师传功，也像后来的气功大师，总是要弟子孝敬银钱。不是一个拳坛一个老师，老师要到处走，义和团就是在老师的走村串街中流行开来的。老师虽然号称传的功法各有玄奥，但就跟前些年气功热的时候的气功一样，虽然大师们的门派不同，据说奥秘也各异，但基本的招式却大致差不多，所以天南地北的拳民比画起来，外人看上去就都一样了。应该指出的是，义和团运动过后许多年，华北乡村兴起红枪会的时候，类似的老师，类似的功法传播，又出现了。新面孔，老招术。

义和团拳坛的真正骨干人物，被称为"大师兄、二师兄"的人。这些人或者是对气功感悟性好，或者有点武功底子，或者比较脾气比较暴，拳民行动的时候一般都是这些人领头，烧教堂，杀教民，动真格的需要这些人带头下手。当然，下手的时候，原本在拳坛练的本事大多用不上。对方要是弱，比如妇孺什么的，就剁成肉酱，对方如果强，坚持抵抗，多半也就算了。拳坛的多数，是一般的拳民，老少都有，小的十岁上下，属于义和团的儿童团，老的七八十的都有。这些人平时的时候，在老师的指导下，在大师兄二师兄的带领下，在拳坛上演练，个别有条件的地方，还有民间鼓乐伴奏。这种演练在美国学者周锡瑞看来，很有表演性和仪式性。的确，看当时人的记载，拳坛经常有很多人围观，跟看戏似的。后来气功热的时候，每逢大师出场聚众练功的时候，好像看得人也很多，可见古今一个道理。

当然，拳民不可能只在家门口表演，还要出去干事（其实真有不少拳民本打算出远门的，只在家乡玩玩算了，但袁世凯做山东巡抚，非逼着拳民北上京津，说是那边有鬼子打，实际上是以邻为壑），出去干事的时候，杀杀烧烧，吆喝呐喊，全指着这些普通拳民。

除此而外，一个拳坛，还有若干不经常出现但却不可缺少的人物，他们算是拳坛的后台或者叫恩主。这些人是多半是乡绅或者富户，以武举居多，主要有武举人和武秀才。明清两代，虽然文、武都有科举，但军队的军官却基本上不由武举来充任，大多行伍出身，武举基本上成了人们求个功名，改变身份，取得绅士资格的一种方便门路（比起文举，考试也相对容易通过），因此，武举成了乡村社会低级绅士的代名词。这些人比较闲，好生事儿，所以官府鼓励拳民起来的时候，他们往往乐于掺和其间，为拳坛张罗个吃喝什么的。

说起来，拳民兴起跟自打基督教开禁以来，尤其是太平天国失败之后，绵延几十年的民教冲突有关。"民"指一般非教徒的老百姓，"教"指基督教（包括天主教、新教和东正教）教会和信教的教民。两者的冲突，有一些属于利益方面，比如说，一个地方只要出现了教民群体，一个社区就出现了另一个中心、新的权威，这种权威对世界有一种新的解释，这样或多或少会令原来的权威感到有点儿不舒服。更多的是属于文化方面的，属于基督教自身的行为和中国传统习俗的冲突。最早的文化冲突跟民间的戏乐活动有关。唱戏以及相关的社火秧歌活动是中国农民的娱乐，但这种娱乐却往往以酬神演戏的方式展开，于是被教会理解为"偶像崇拜"。因此，教会特意给教民从总理衙门讨来一项"特权"，既不许教民参加活动，也不要教民分摊戏份。但是当酬神演戏是为了求雨的时候，多少会有点儿麻烦，如果没求来还好，求来了雨又不可能只下在求雨人的地上，也沾了雨露的教民就会被人视为占了大便宜，纠纷在所难免。

比较常见的文化冲突，跟是教会的日常仪式有关，从出生、入教时的洗礼，到死前的终傅礼，平日做弥撒以及密室忏悔都令中国的老百姓既感到神秘，也感到不解，容易往邪了想。双方有点儿摩擦的时候，就更易于流于恶意揣测。一般来讲，虽说中国人讲究男女授受不亲，但乡村世界，农家村姑没有条件藏在深闺，所以男女混杂在所难免，但是这种混杂一般只限在野外、集市等空旷地方，一旦男女混杂在一个房间里（比如教会做弥撒）就难免引起人们有关脐下三寸的联想，从通奸到乱交、群交。至于密室忏悔，隔膜更甚，不可解释，则联想也就更加活跃，简直就板上钉钉认定就是密室行淫。应该说，自从 1844 年《中法黄埔条约》基督教开禁以来，中国的城乡产生了无数的关于基督教、教会、教民的讹言，有无数份的打教揭帖在流传，其中最核心的成分都跟"淫"有关，来自文化的隔膜被恶意地放大了。

显然，对于打破大门进来的西方人，无论输入的宗教本身怎样，中国人的观感几乎从进入的那一刻起，就注定是先天不良的。特别被恶意放大的隔膜还有教会育婴堂收养弃婴事件。在过去的时代，中国农村比较普遍存在溺婴的现象，即弃养女婴。虽然背后有对生活的无奈，但不能说不是一个恶习。当然，中国也有人办育婴事业，收养弃婴，但这个事做得比较大的还是教会的育婴堂。育婴堂收来的弃婴，很多本身健康状况就不太好（视弃养的时间长短而定），收来之后，嬷嬷（对西方教堂里年长或者辈分高的女修行者的尊称）们往往对于拯救婴儿灵魂比拯救他们的生命更在意，因此造成了育婴堂的婴儿死亡率比较高。当育婴堂将这些死婴集中埋葬的时候，麻烦就来了。过去弃婴东死一个，西丢一个，狼吃狗叨不会引起人们的注意，但一个地点，棺材埋很多就很扎眼。于是传说这些孩子都是教会害死的，更进一步传说教会拐来中国人的小孩，挖心肝做药，挖眼睛点银（可以将铅点化为银）等。有的育婴堂为了鼓励人们帮助收弃婴，往往会给那些送来孩子的人一点报酬。因此，就有匪类为了这点报酬居然去拐人家孩子，这种匪类一旦暴露，就会把屎盆子扣在育婴堂头上，"坐实"了有关的讹言。轰动全国的 1870 年天津教案，就是因为这个原因闹起来的。当然，由文化隔膜导致的冲突，在基督教的传播历史上并不稀罕。从理论上讲，隔膜是会随着交流的增加而消除的，基督教的某些风习固然怪异，中国人见得多了自会见怪不怪，随之而来的会是理解，甚至和解。只要彼此没有在误会形成对抗，只要彼此的敌意没有形成刻板印象，冲突就会消散。但是，当时清政府的作为却使这种和解的可能化为乌有。

基督教虽然开禁，被允许放了进来，但对于清政府来说这只是高压之下的权宜之计。清廷大员们的如意算盘是明开暗禁，用奕訢的话来说，就是天主教系属异端，"虽已开禁，仍当暗为防范"（《筹办夷务始末》同治朝，卷五）。因此，不仅某些官员出头限制甚至扑杀教会人士，而且一些乡绅有组织地对基督教的抵制活动，背后也有官府的背景。更重要的是，凡是涉及民教冲突的教案，只要官府参与调停审理，多半是在两下"拱火"，刻意把双方的敌意人为地加以扩大。后来谈到教案，有一个流行的说法，说是官府一般都屈从于西方的压力，偏向教会一方。这个说法其实只说对了一半，事实的后一半，据我查阅《教务教案档》的所见是这样的：每当发生教案的时候，只要打上衙门，负责审理的官员开始都向着民方，有时候甚至是毫无道理的偏袒，整个审理呈现一边倒的现象。但是，在这种时刻，西方国家的公使和领事往往会出面干预，这种干预有时甚至带着炮舰。在根本不对等的外交压力下，由于总理衙门的参与，案件又开始翻过来，到了这个时候，官府又开始向着教会和教民了。"教方恒胜，民方恒屈"仅仅是一个统计不完全的结果，产生这个结果的过程往往被人们忽略了。

最为奇特的是，无论怎样审理，官府是绝不会让老百姓知道真相的。许许多多诸如教会淫乱、挖心、采生折割之类的指控，在官司打完，指控者失败的情况下并没有人来澄清。给人感觉是官府屈从于洋人的压力胡乱断案，每每令那些原本理直气壮的民方感到含冤负屈，误会不但没有化解，反而激成了不共戴天的仇恨。有的教案在审理过程中，官府发现冲突的民方原来对教会和教民心存善意的时候，官府反而故意小题大做，过分惩罚"肇事"的民方，同样激化了矛盾。官府利用信息的控制，权术的运作，基本上达到了即使对西方让步，也点燃了民众对西方的怒火的目的，为官府日后在和西方争斗中利用"民气"埋下了伏笔。

拳民，就其大多数而言，实际上就是在戊戌变法失败后，在顽固派官员"民气可用"的判断下，被利用形成的武装群体。不过，拳民最厉害的武器，是他们宣称"刀枪不入"的法术，和法术背后的神灵。也可以说，拳民的"刀枪不入"，是他们上法时附体的神仙们赋予他们的。当然，没有谁可以真的刀枪不入，法术都是既骗自己人，也骗观众的玩意儿（只是骗不了洋人）。不过，从拳民上法（附体）概率比较高的一些神灵人物上面，倒是可以发现他们的另一些秘密。当然，所谓的神灵无非是些农民熟知的戏曲人物，比如《三国》的关张赵马，《西游记》里的猪八戒、孙悟空、沙和尚，还有《施公案》里的黄天霸等。我统计过，这三类人，是拳民上法的时候，出现概率最高的，也就是说，当他们宣称自己被神灵附体的时候，都喜欢说自己是这三类神灵。三国英雄豪杰多了，但是，拳民却根本不选曹魏和孙吴阵营里的人物，无论典韦、许褚、张辽、徐晃，以及周瑜、黄盖、太史慈有多么了得，但他们的眼里却只有关羽、张飞、赵云、马超和黄忠。看来，受到西太后眷顾的拳民既在乎自己的"忠义"，也在乎自己的"正统"。唐僧三徒属于那种原先在野，后来被官府招安终成正果的神（佛），特别是孙悟空金刚不坏之身，惹多大的祸都死不了，很难不让拳民们喜爱。至于黄天霸，那是朝廷命官的鹰犬，专门为清官效命，剿灭那些采花大盗（有暗指那些淫乱的洋人洋教的可能）的。而且朝廷里特别赞赏拳民的大臣中有人号称清官的刚毅，认为某些义和团的大师兄就是黄天霸。

在拳民大面积兴起前夕，不管出于什么动机，西太后的戊戌政变粉碎了清廷向西方学习的变革前程。但是，当初之所以发动这场变革的外部压力一点儿也没有因六君子的人头落地而减少，反而使清朝政府更让西方以及日本看不上眼，压力反而更大。为了应付压力，向前既然不肯，就只有向后看。从"民气可用"到"刀枪不入"，拳民只是顽固派官员给西太后找来的抵抗工具。甘当工具的拳民们，虽然做事的时候有点荒唐，乱杀乱烧（北京前门大栅栏商业区，就毁于他们的一把火，几万无辜的教民和用了洋货的人被杀），在八国联军还没有启动的时候，就非要从大毛子杀到十毛子，把一切西方的东西扫荡干净，其实思想意识却和中央保持一致（缺乏教育，没有灌输，能做到如此，真是难得）。只是他们借以做工具的资本实在是太可怜，法术不过来源于乡间的巫术和气功，而且还是不太像样的巫术和气功，附体的神灵不过是他们在戏曲里熟悉的人物，想借点宗教的力却又不大明白，服装虽然统一不过是图个吉利（黄、红吉色），说是八卦分团，但大家都称自己是乾字团，争当老大，其他的七卦几乎没人用。连喝的、念的咒都跟道教没多少关系，全靠自家糊弄。

这些拳民秘密，在当时和过后的一段时间里其实不是秘密，只是在很长一段时间里，我们有意要把事情弄糊涂才成了秘密。这些秘密不弄清楚，拳民也许还会回来。

美国人的"中国戏"

眼下，美国人演中国戏，我说的是京剧，所谓的"peking opera"，已经相当有水平了。很多人正经八本在中国戏曲学校学过，科班出身，回到美国已经可以登台演出。据唐德刚先生说，主演还都不错，生旦净丑，像模像样，有板有眼，只是龙套都是些棒槌，跑起来各跑各的，满场乱跑。

美国人大规模见识京剧，大约是在1930年梅兰芳访美之时。梅兰芳的《贵妃醉酒》和《天女散花》倾倒了美国人。有的老太太甚至一个城市接着一个城市地追着看，也让我们的梅老板，变成了梅博士。不过，在梅兰芳来美国之前，已经有美国人在中国看过他的演出。1920年夏，美国议员代表团访华，被招待筵席之后看戏，梅兰芳主演。美国人说不清戏名来，只知道是一出历史戏，梅兰芳在里面演一个妇人，另有一人"状似强徒，貌极狰狞，声极粗厉，面涂黑色，一望而知为狡猾之人"。议员在观后感里还自作聪明地断言，说是中国戏里好人坏人是靠脸上涂白还是涂黑来分的，坏人都是黑脸。显然，这些美国人弄错了，京剧脸谱，黑色代表忠勇正直，白脸才代表奸诈狡猾，他们看的那出戏里貌极狰狞，声极粗厉，面涂黑色的家伙，估计十有八九是包公，京剧里只有花脸中的黑头，才如此装扮。如果是这样的话，那梅兰芳演的，很可能是负屈含冤的秦香莲之类的人物。当时"五四运动"刚过去不久，巴黎和会上中国的外交失败，大家还记忆犹新，运动的时候学生们喊冤就是冲着美国人喊的，因为大家觉得美国威尔逊总统发表过十四点声明，对弱小国家多少有点同情。火烧赵家楼当天，游行队伍到美国使馆大呼美国万岁，威尔逊总统万岁。现在美国议员来了，给他们看包公戏，也许是指望他们像包公一样主持正义，为中国人申冤，没想到人家根本没看明白（翻译大概也不争气），居然把包公当成了坏人。

比美国议员老爷在中国看戏稍早些时候，1919年的年底，在美国哈佛留学的吴宓，被同学（后来的中国戏剧大师洪深）拉去看了一场美国人演的中国戏。1919年是非同寻常的一年，这年5月中国发生了"五四运动"，打那以后，人们一年都没有消停，全国的学生也都在大演其戏，不过都是自己编的《朝鲜亡国恨》和《安重根》（那个在哈尔滨刺死伊藤博文的朝鲜勇士）。不过，美国人演的中国戏，跟中国的亡国之思一点儿关系都没有，名字叫作《黄马褂》（The Yellow Jacket）。据吴宓在日记里记载，该剧有点儿《赵氏孤儿》的影子，又有点《狸猫换太子》的情节，而且舞台、服饰都模仿中国戏，"如来旗为车，登桌作城，执鞭即骑，拱手开门等，固系中国戏台所常有"。显然，这出戏比普契尼的《图兰朵》要中国得多，《图兰朵》除了把个变态的公主说成中国公主，加上一支茉莉花的曲调之外，一点儿中国味都没有，真不明白为什么后来非要到中国的故宫太庙来演。

不过，美国人虽然引进了中国因素，但演的却不是京剧，到底是歌剧还是话剧，吴宓没有写，无从知晓。不过演的时候，却不时地露出洋鬼子的马脚，演到杀人，就真的弄一个假人头上来，在手里把玩，演到王子恋爱，一对小恋人就真的搂搂抱抱，啃起来没完。根据北京人艺的导演回忆，他们指导美国学生排演曹禺的名剧《雷雨》，一说四凤跟周老爷的大公子是恋人关系，美国姑娘一屁股就坐在了周公子的腿上。看来不管时代有何不同，美国人演起戏来都玩真的。

《黄马褂》这出戏，最令中国人感到不好受的，是戏里的所有男人都拖着辫子，而且太子选妃，首先看女孩是否一双莲足，美国女孩没有裹出来的小脚，只好以意为之。戏里的某个坏人纨绔，还被装上假指甲，足足有一尺长。

没错，男人在清朝时期的确是留辫子的，而从南宋起，女人的脚就开始裹成了三寸金莲，且某些贵人和闲人，无论男女，都留长指甲。《红楼梦》里晴雯为了不枉担了虚名，在临死前，把两根葱管一样的指甲咬下来给了宝玉。在老照片上，我们也可以看到西太后老佛爷长长的、戴着护指的长指甲。然而，1919年已经是民国啦，至少在城市里没什么男人再留辫子，女人的放足运动也开展了很长时间，凡是上学的女孩子，已经不再缠足。连长指甲，因为不合乎卫生，都在传教士和医生加政府的联合围剿下阵地大大缩小，就是留了也不大敢像西太后那样公然拿出来展示。中国毕竟进步了，不仅政权形式模仿美国，派出留学生学习美国，就连习俗也在改进，辫子、小脚和长指甲的市场都在缩小。

然而，美国人就是看不到中国的进步，说到中国人，依旧辫子、小脚、长指甲，而在场观剧的中国人也没有勇气走上台去，把脑袋和指甲伸给人家看，说一声：瞧，我们是中国人，但我们跟你们一样的！

辫子和小脚很早就变成了中国人的象征符号。不止一出戏如此，在很长一段时间里，百老汇，好莱坞的所有作品，只要沾了中国人的边，戏剧和电影里獐头鼠目的中国人，只要是男人，脑袋后面肯定拖着一条又黄又瘦的小辫子。好像就在前几年，有报道说，还有美国人问中国人，你们还留辫子，裹小脚吗？

还好，现在即使是美国人，能提这样奇妙问题的人是越来越少了。

混事的本事

这年头，过年一见面寒暄起来，无论干什么，都说自己在混事。混事也有混好混不好的，那混好了的，除了运气好、祖坟冒青烟之外，还要看本事。干事的本事跟混事的本事，不是一回事儿，会干事的不一定会混事。华人圈里，谈吃谈得最明白的唐鲁孙先生说，张伯驹曾经跟他说过，人在世上混得有四样本事：一笔好字，两口二黄，三斤黄酒，四圈麻将。如果不能四样皆备，至少得会个两样，才能混得下去。这里要加一点注，"两口二黄"是指会唱京剧，在这方面张伯驹是超级票友，跟余叔岩和马连良搭过戏的。"三斤黄酒"当然指有点儿酒量,民国的时候北京兴喝绍兴黄酒，筵席上少不了陈年的花雕和女儿红，所以说，四样本事中的"三斤黄酒"说的是酒量。

张伯驹的这段名言，脱胎于清朝官场的清客十字令："一笔好字，二等才情，三斤酒量，四季衣服，五子围棋，六出昆曲，七字歪诗，八张马钓，九品头衔，十分和气。"所谓清客，看过《红楼梦》的人都知道，就是那些在贾政周围，见贾宝玉给大观园题咏，写一句叫一声好的那些人。虽然张伯驹的父亲官高爵重，号称袁世凯的钱袋，但是到了他这一代，已经基本上属于吃老本的混世膏粱，在官场、军界，以及商界边上混事了，如果真的进了官场，这样混就不够了。

清代乾嘉道之际，有位混得还不错的官僚梁章钜（做到两江总督），在他退休之后的笔记《归田琐记》里，提到清代官场上流行的"首县十字令"，上面是这样讲的："一曰红，二曰圆融，三曰路路通，四曰认识古董，五曰不怕大亏空，六曰围棋马钓中中，七曰梨园子弟殷勤奉，八曰衣服整齐、言语从容，九曰主恩宪德、满口常称颂，十曰座上客常满、樽中酒不空。"明清两代，凡是在省府所在地做知县的，被称为首县，辖境机关多，官员多，来往应酬多，麻烦多，机会也多，没两下子混不下来。其中的马钓，又称马吊，是麻将的前身，此令如果稍晚一点儿出炉，估计就改成"八圈麻将"和"围棋麻将中中"了。"主"是指皇上，"宪"指巡抚或者总督，"主恩宪德、满口常称颂"说的是把领导、大领导经常挂在嘴上，马屁呢，要拍在马屁股上，而且，领导在与领导不在都一个样。

混事的本事，官场比社会上，显然复杂多了，从四样变成了十样，不过有一点是一样的，就是跟正事一点儿关系都没有，跟官员的公务至少从字面上并不相干，如果搞业务考核的话，一样也用不上。但是，什么地方都一样，会干的不如会混的，商场上吃得开的是混的本事大的，大的买卖都在酒桌上谈。公务和私务从来都是在浅斟低唱中、在四圈麻将声中悄然进行，业务考核好的，未必升得上去。况且，官场、商场从来分得不那么清楚。清末以来，黑道白道也开始混淆，路路通，不仅加官晋爵而且财运亨通，这里面，离不了混事的本事：一、二、三、四、五、六、七……

要是看马路和楼房，时代已经比梁章钜、张伯驹那会儿进步多了。但是，混事依旧在混事，本事在与时俱进，但大体框架也差不多少。麻将依然，围棋却未必，要看领导爱好什么，如果人家喜欢网球那就网球，如果高尔夫就高尔夫，如果实在俗，非要斗地主，那也只好斗地主。关键是玩什么像什么，正好够陪领导或者客户，像那些当年陪段祺瑞下围棋的清客一样，不多不少，就让主子赢上一点点，还看不出是让的。谈吐要风雅，说话要识趣，酒量如果到不了三斤，话要到三斤。现在光顾梨园，两口二黄已经不时尚了，那么歌厅里的本事，是都要明白的。混事的人，卡拉 OK 不能像一般人一样按自己年龄段唱，必须新歌老歌都会，只有领导会的不会。所以，新时代的"十字令"应该是这样的：一曰红，二曰圆融，三曰路路通，四曰奉上古董，五曰不怕大亏空，六曰玩什么什么精，七曰歌厅 OK 首首行，八曰西装整齐、英语门清，九曰领导美德、满口常称颂，十曰五星饭店、洋酒不落空。

荣誉和面子的闲话

　　跟荣誉第一相关的是奖章（勋章）、奖牌、奖状以及奖金。脖子上挂了奖章、奖牌，手里拿着奖状和奖金，脸上必定感觉有面子。所以，国人特别在意的面子跟荣誉也有了关系，奖章之类的东西好像是荣誉和面子的中介。但是，有的时候，奖章得来跟荣誉没什么关系，只跟面子有关。国人眼里的面子，除了表面的光鲜之外，主要讲的是人的实力，关系和运作的能力。某件事谁都摆不平，你去摆平了算你有面子，某人谁说都不听，你去说服了也算你有面子。

　　北洋时期的北京政府，定期向大、小军头发勋章，勋一位，勋二位，勋三位，害得军头们照起相来，胸前挂满了大小勋章奖章，一排，两排，三排，四排，眼花缭乱。但是好像这些军头们一直没干什么事，还整天跟中央政府闹别扭。能得到勋章，仅仅在于人家有面子，实力强，军阶高，面子就大，勋章也就跟着大。这么一来，面子和奖章之类直接结合，好像中介喧宾夺主，媒婆顶了新娘的心窝子。

　　不过，这种事情在中国好像从来都不稀罕，本来评奖、发奖章什么的是为了表彰某种行为，就像王朝时代，皇帝下令修牌坊一样，为的是表彰烈妇节妇，大有让天下女性守在家里，免得男人看不住自家老婆，引发社会动荡之效。可惜，世界上的事就是这样，好事儿的效果总是难以长久维持，人人争当先进，时间久了，神经一疲劳，评奖也就成了例行公事。某些奖项，谁拿奖得奖章，关键看面子。面子大的获大奖，面子小的得小奖，没面子的没有奖。评审的时候，想要得奖的主儿，必须去争，具体地说就是运作，都说运作需要靠银子，其实，人家收不收你的银子也要看你的面子。很多的时候，在评委那里有面子往往是决定性的，面子特别大的，一个钱不花一样得奖。原本作为评奖依据的事状和成果，其实只是一种借以说话的凭借，怎么说全看评委。反过来，大家去争这个奖那个奖，也主要看中得奖背后的相关待遇，比如工作安排、升职、评职称优先等，对于获奖本身的所谓荣誉倒是看得很淡，因为本来就没有多少。

没有了荣誉，所谓的奖和相关的奖章之类，就发生了变异，在这个奖还有含金量的时候，评奖成了分赃，有势力的人排排坐，吃果果，你一个，我一个。没有含金量，或者含金量比较小的时候，就变成了安慰或者装饰，就像北洋时期军头们挂在胸前的勋章一样。

我们现在各单位的传统荣誉，比如各种名目的先进、优秀、红旗手之类，也是这种命运。很多单位某些人该晋升而没有晋升，该评职称而不得的时候，聪明的领导就会安排一些这样奖励给这些倒霉蛋，好让他们看起来没那么惨。

荣誉被面子偷换，自然就没有了荣誉感。原本为了规范导向人们行为的颁奖，也就失去了意义。人们，尤其是那些社会中的优秀分子，没有人会为了获得荣誉去竞争这些奖项，得到的未必引以为荣，没得到的也未必引以为耻，获奖与否，背后的动机往往是纯粹功利性的，跟做一笔买卖没有多少分别。

没有荣誉感，羞耻感也淡了。就本该最有道德感的学界而言，一个学者拿一个大奖，同行们首先想到的未必是他学术成就，而是他运作的能力，或者他所在单位对他是否看重，因为许多大奖往往是单位出面运作。也就是说，人们赞赏的不是他的研究能力、学术水平，而是他的公关本领，他的路子，他走后门的精明，以及他靠山的坚挺。那么这种奖，还能对学术进步起作用吗？当然也会有作用，不过是反作用。

一个社会的荣耻观念喊是喊不出来的，关键是这个社会奖励什么，惩罚什么，奖励是种正面的激励，而且是最正宗的激励。这种激励，挂着羊头却卖起了杂肉，甚至不是肉的肉，人们心目中该以什么为荣也就糊涂了。官方的评价体系自乱阵脚，却总是埋怨老百姓乱七八糟，笑贫不笑娼的社会，哪里有道理可讲？

离谱的假古董和没有文化的游客

中国是个文明古国，文物多。文物多的一个好处是可以用来供不肖子孙来糟蹋和挥霍，于是，可以拿出去卖钱的有走私贩子倒腾出去卖，拿不走的就圈起来收门票，尽量榨油，哪管古迹是否承受得了。如果没有人来，就放任不管，一任其房倒屋塌。有意思的是，糟蹋文物的人却热衷于造假古董，可以搬得走的由文物贩子来造，而搬不走的则由政府来包办。

早一点儿的有唐城、宋城，近一点儿的有各种中华始祖，黄帝、炎帝、神农、女娲，甚至连蚩尤也算，一个个雕像塑起来，一幢幢庙宇立起来，一座座祭台垒起来，而且东也有，西也有，一个祖宗分几下，都说自己地方的祖宗才是真祖宗。建议各地官员再建庙修坛的时候，跟王麻子剪刀铺的竞争一样，挂"真"或者"真真"的前缀。不过，比较起来，最离谱的造假，当属安徽宁国市意欲修建"宁国府"，据说人家仗着自己是"宁国"，要打造《红楼梦》的宁国府品牌。

建唐城、宋城，毕竟人家当年阔过，差不多就在那个方圆，过去有过这个城，虽然建得跟古代差得很远，怎么说，还有影。满地冒出的祖宗庙、祖宗坛，或多或少，也都有点史料的依据，虽说有的依据过于牵强，但不管怎么说，毕竟可以算他有据可查。可是宁国府算什么呢？谁不知道，《红楼梦》本是小说，贾雨村言，贾府本是假府，当不得真。就算找作者创作的原型，也只能在北京和南京，怎么也轮不到安徽的宁国。当初北京建大观园，就已经贻笑大方，安徽建宁国府，简直是张飞打岳飞——哪儿对哪儿啊。

看目前的情形，此风大有愈演愈烈之势，估计用不了太长的工夫，假古董将会磅礴于神州大地，各种见于小说、戏剧、传说或者史籍的古代钢筋水泥的古建筑将会到处都是。各个电视台选秀选出来的金陵十二钗，以及西施、莺莺、红佛女，连带着潘金莲和孙二娘，点缀于其间，搔首弄姿，真是好看煞人。

不过，一件明明很可笑的事，却有人前赴后继地做，笑骂任你笑骂，其中必有道理，换言之，兴事者必有好处。但凡这种事情，大多属于旅游开发，政府热衷，商家参与，如果全然无利可图，估计持续不了如此长的时间，更不会愈演愈烈。这里面除了我们的领导比较好名、高度喜欢附庸风雅的因素外，假古董可以带来真利益才是兴建假古董的真正动机。

就目前而言，中国的旅游者有相当大的一部分人还就是不喜欢看真古董，在他们看来，那些东西破破烂烂，没什么好看的。他们就是喜欢这些假古董，造得越是金碧辉煌，越是喜欢，只要建造者能找一个大家耳熟能详的名目来，把这个名头安在一堆钢筋水泥头上，再配上些俊男美女点缀其间，差不多就会游人如织。前面提到的唐城、宋城、大观园，去的游客都不少，山西的朋友曾经拉我去过绵山，据说那里是被煤老板承包下来，原来破烂的旧东西被扫荡了，代之以豪华，巍峨的假古董，每个景点都有从春秋到唐朝的大名头。结果，那个地方成了附近几个省的度假胜地，每日里游人多的就跟赶集似的。

中国经济发展很快，口袋里有几个钱，一门心思想出门旅游的人越来越多了，但是这些人肚子里却只有鱼肉，没有文化。我们拥有缺乏基本文化素养的几代人，甚至很多上过大学的人，连基本的文史常识都没有，出去玩，也就是起哄，一任导游胡扯，再不就是找地方打牌。前阶段，中国游客出国出丑的事，曝光了不少，其实，在国内游也是如此，丢人丢得一样大，只不过外国人看不见罢了。

从某种意义上说，对那些口袋有钱、肚皮里有鱼肉，但脑子里空空如也的人来说，宁国府这样的假古董倒是也般配。只是建造者要留点神，防备哪一天冒出来个贾代化的几世孙跟你要产权。

从公厕的修建到大粪主义

中国古代，对于人的排泄问题其实很看重，"庄稼一枝花，全靠粪当家"，农村的人，一粪一溺都浪费不得，要肥自家的田。因此，无论用马桶也罢，厕所也罢，总而言之排泄物最后都要沤了肥田，而且"肥水不落外人田"。如果出门来不及回家方便，粪便掉在别人家地里，无论如何都会有点懊悔，特别敬业的往往会找个家什捧回来，没有家什用手也是有的。

南方大一点儿的集镇也有人建公厕，这种公厕跟公益无关，属于私人的赢利事业，用来专门收集赶集人的粪便，然后卖给农民。当然，对于赶集的农民，一般都指望不上，但是对于那些走街串巷的艺人、手艺人和商人，却也是个便利。一些坐商在买卖商品之余，卖点白拣的粪便也是小补。

真正的城里人方便，大抵只能靠马桶或者粪桶，从皇帝到平民一概如此。每天早上，由自家的女人或者仆人（皇宫里就是太监），抬出去交给专门收集粪便的人或者上门收粪的农民。在南方，这些粪便很是能卖几个钱，越是有钱人的粪便就越是值钱，因为油水大，肥田效果好。

如果上了街，而且盘桓得时间比较长，赶上内急，那就只好随地方便。北方耕作粗放，对粪便的珍视远不及江南，因此即使像北京这样的大都市，市民们也只好奉行随地大小便主义。有时候赶上收粪的人过去了，抬粪的女人也只好将粪便当街一泼。据说，17世纪的巴黎也是如此。从街上走，可千万别挨着楼房墙根，说不定哪个窗户一开，一盆粪便就撒将下来，淋上一头。这种污秽和人们随地方便没有人及时收集的废物堆在一起，于是，街角墙根到处都是"黄金塔"和"水地图"。整个北京城，只有一条下水沟，三年才疏浚一次，正好赶上举子进京赶考，于是有民谚道：臭沟开，举子来。举子一来，全城上下，都臭烘烘的。臭烘烘闻味其实倒是小事，走路是大事，那时候很少有石板路，旱天尚可，不过夹杂点味道的尘土而已，下起雨来，黄泥和粪便充分混合，稀里光汤，粪蒸尿熏。路上行人，如果没有骡车代步的话，那可真的欲断魂了。

局面的变化发生在庚子之后。八国联军进了北京，分区占领的鬼子们很快就发现，最头痛的事情不是义和团残余分子的骚扰，而是城市卫生问题——这个问题由于战争时期城外的农民不敢进城收粪，分外严重，害得洋兵直闹病。于是，态度好一点的占领者建公厕（当然是让北京市民自己出钱），安路灯，组织保安队维持秩序——其实主要是看着别让人随地大小便。在此之前，上海租界里的巡捕，来自印度的红头阿三也主要干这个买卖。态度不好的，比如德国人，既不安路灯也不修公厕，却派人暗中巡逻，只要听到有人"放水"，寻声"啪"的就是一枪。

不管怎的，反正从此以后，北京有了公厕，也有了维持市政卫生的公务人员，随地大小便者渐渐减少。讲究文明的人们，也越来越难以忍受满地的"黄金塔"和尿渍。冯玉祥是丘八出身，丘八的传统一向是走到哪儿拉到哪儿，但是冯玉祥当了军官之后，不仅不许士兵随处方便，而且重视修建厕所，还特别给自己修一个自己专用的厕所，严禁别人用。别的方面可以跟士兵同甘苦，但方便的时候，必须进入自家专用的厕所。到了20世纪中叶，至少在北京这种地方，中国人让洋人看不顺眼的东西，祸主已经从下面的口转移到了上面的口，变成随地吐痰了。

随地大小便主义萎缩了，但有人居然提出要提倡大粪主义来，这个主义是20世纪20年代上海滩上一个人的主张。他写了一本薄得只有10叶的小册子，名字就叫《大粪主义》。此人名叫聂云台，是20世纪中国最有名的资本家之一，20年代曾任上海总商会会长，与阿德哥（虞洽卿）齐名，当年的上海，三教九流都知道他。

聂老板的"大粪主义"据他自己说是这样的，在中国民间，人中了毒可以用大粪灌解（这法子现在没有人用了，但在过去，非常常见），而国家民族的毛病中的毒也一样可以用大粪来解。按他的说法，现在的人有四种毒，一是骄慢，二是（讲）体面，三是骄懒，四是奢费，这四毒，浇上一勺浓烈的大粪，一切就化为乌有了。浇大粪的方法很简单，从教育和政治入手，但是要密切联系公厕和大粪。教坛上，学校的老师带头，跟学生一起挑大粪、洗厕所，浇粪种菜。让学生认识到，大街上挑粪的人才是最可宝贵的人。而政坛上，则要求从国家元首到各县的长官，每天早上必须到指定的地点"亲自"刷洗厕所，而且必须刷洗干净。如果担心长官的安全，可以派卫兵四周警卫，长官一边刷洗，还配一个演讲员在旁演讲其意义（估计这演讲之人得配一本《大粪主义》）。

虽说善于经商的聂老板谈起中国的毛病来，就像大粪一样有点简单，但是想起当年我们的大学者也还有提倡"五鬼乱华"和"好政府主义"的，也就释然了。可惜，大粪主义自打提出之后，到今天为止，好像只有"文革"期间让老师和当官中的走资派去打扫厕所（这属于惩罚，跟聂老板的意思正好相反），组织学生下乡，接受贫下中农再教育（记得老师说过，大粪再臭也是香的，你的思想才真正的臭）。改造好与不好的标志，是看一个人敢不敢用手抓粪，在形式上几近之，但暴力味道太浓，失了聂老板的原意。除此而外，一直都没有人实行过，尤其是当官的没有人实行，估计以后也不会有人实行。其实，这种主义对治疗我们某些贵人和官人的毛病，还是有点儿用的。

正在肆虐着的两种恶俗

学生从家乡回来，讲彼处乡下结婚时的种种民俗，实在骇人听闻。新郎新娘、伴娘和新郎父母都被闹得半死；新郎、新娘被逼当众自己做各种猥亵的动作，或者被人做各种猥亵动作；新郎的父母，被涂面，画王八，戴高帽；伴娘更惨，加之在她们身上的各种恶作剧，花样翻新，甚至直接的猥亵和调戏。联想到前些时候，几次伴娘被剥光衣服的报道，感觉到现今所谓的结婚民俗已经变成了彻头彻尾的恶俗。事实上不仅伤风败俗，而且涉嫌违法犯罪。

不错，传统中国的结婚风俗的确是有点闹，越是下层的婚俗闹的成分就越重。即便汉人这种讲究礼仪的民族，初民群婚时代的某种涉及性的文化因素也不可避免地会遗存在后来的婚俗仪式上，婚礼上的闹房和听房，所谓结婚三天没大小，事实上就是这种东西。不过，尽管传统婚俗有点闹，但毕竟有限度，礼教还在起作用，人们还要顾及自己的身份，一直都有大小的生活，很难会突然变得没大没小。闹房、听房固然戏谑调笑，但断不至于变成对新娘的调戏。但是眼下，闹房婚俗已经经过无数人的创造性发挥，不仅名目繁多，程度加剧，事实上已经演变成一些无聊加无赖者借人家结婚的由头，揩油、调戏甚至猥亵的一个机会，越闹越不像话，成为侮辱作践人的一种闹剧。

被作践者之所以听任被作践，不做任何反抗，关键是这种所谓婚俗闹剧，背后有所谓的婚俗禁忌，意思是如果被作践者一方不能忍受，这个婚姻就会有诸多不祥。自然，面对终身大事，当事人怎么敢冒这个风险，无论当事人的父母，还是新婚夫妇两个，都担心如果自己受不了而坏了规矩，今后婚姻出了问题，就会全部怪到自家头上。因此，即使再难受也得忍着。再者，闹的都是熟人，乡里乡亲的，风俗如此，如果不让人闹，等于不给人家面子，因此得罪人，怕人日后嚼舌头，做人不起，即坏了熟人之间的某种规矩，在乡亲面前抬不起头。事实上，即便人们认可传统婚俗里的禁忌，现在流行的越来越花样翻新的婚俗闹剧，绝大多数内容，都是街巷的闲人自己发展出来的，种种作践人的花样跟当年婚俗里包含的禁忌早就没有了干系。

闹房的婚俗是一种恶俗，这个恶俗是名词，它的核心精神就是对人的不尊重。现今还流行着另外一种恶俗，这个恶俗是形容词，主要表现在各种媒体上。不知什么时候开始，出版业中最畅销的书，都是那种不知所云的玄幻和种马类小说。报刊杂志，某些个毫无内容、哼哼唧唧的流行刊物，逐渐成为大家效法的对象。电视上娱乐、选秀或者变相选秀类节目越来越火，主持人提问、盘问、调侃、逗笑很黄、很暴力，参加者应付、回答、表演、很傻、很天真。现在连评委嘉宾也加入作秀，花花绿绿，吵吵闹闹，虽然增加了不少收视率，但却使得我们的电视节目变得更加闹腾。

无论是出书还是做电视，纵使恶俗到人们要呕吐，大不了挨顿批评，肯定不会因"政治不正确"而丢了乌纱帽或者饭碗，一般说来，还可以争取眼球，增加经济效益，大利而小害，何乐不为？

从某种意义上，民间的恶俗跟主流媒体上的恶俗有着千丝万缕的联系。它们的共性，是对人的不尊重，拿人的尊严开心，所有的人都在自轻自贱、他轻他贱中哈哈一笑，从前所有的价值、所有的意义，都化为乌有，再不堪的事情也都无所谓了。民间的恶俗拿巫术禁忌说事，而媒体的恶俗拿政治禁忌说事，本质上并无不同。从来一个国家的底层文化都是受上层主流文化影响和左右的，当人们心目中的偶像——主持人、嘉宾都在荧屏上肆无忌惮、口无遮拦地嘲笑、调侃、恶作剧，甚至开带"色"的玩笑的时候，自然挡不住民间在涉及男女的婚俗上推陈出新。

从晚清以来，仁人志士在救国救民的同时，也大力度地推动过风俗的改造，视为改造国民性的一个重要环节。没想到时间到了 21 世纪，虽然没有人再裹小脚，但婚俗乃至丧俗（有地方丧礼上跳脱衣舞）却变得如此不堪。在所谓政治正确的前提下，庸俗，乃至恶俗大回潮，究竟是哪儿出了问题？

选举与美女经济

晚清的国门虽然被人打开了，西器、西俗和西学渐次东来，但中国人对于西方现代政治意义上的选举（vote）在很长时间内都不能理解，任凭先进人士怎样启蒙，大家就是不开窍。在所有能识字做文章的国人眼里，选举是考试不是投票，得选与否一看自己的发挥，二看考官的眼力，跟其他人没有关系。所以，尽管先进人士一个劲儿地说西方选举政治的好话，而且搞选举的西人一个劲儿地打我们，但是国人还是在一个劲儿地操练自家的科举，甚至当西方人打进来的时候，还幻想人家也跟我们一样开科取士（曾经传八国联军的统帅瓦德西干过这事）。

不过，近代以来的世界毕竟是西方的世界，体系、规则、座次都得由人家来定，然后把你拖进来按到某个位置上。被拖的民族，或早或迟都得接受人家的规矩，包括名词概念。中国人的学习能力和识时务的能力都不差，只因为国家太大，资格太老，架子放不下来，耽误了太多的功夫。好在中国人毕竟聪明，当我们被西方的好学生日本人教训了一顿之后，终于肯放下架子学习了。

上海是晚清中国新鲜事的集散地，各地的中国人都跑到这里来见识洋人洋事，吃西餐，坐四轮马车。而住在上海的人也什么事儿都敢做，玩回力球，做买办，讲一口洋泾浜英语，甚至投票选举也敢一试。

不过，上海人最早的投票不是选政治领导人，而是选美女。19世纪末的上海是个繁荣"娼"盛的年代，从街头的流莺到书寓的校书，莺莺燕燕，成千累万。妓女多，文人也就多。那是个文气未消的时代，即使是青楼，也要讲究一点儿琴棋书画，诗词歌赋，于是肉竹发，小报出，花酒来。甲午中日战争之后，文人学士家仇国恨无处排遣，有关醇酒妇人的行动格外活跃，于是有人发起为妓女评花榜活动。

花榜模仿科举考试，分色艺两项。给妓女打分，分为一甲、二甲、三甲，只是妓女们用不着动笔，也不需交卷。能进入三鼎甲的美女，自然是行中最红的人，至少有人乐意捧场。这种活动相当古老，据说17世纪就有，当时怎么搞的不太清楚，但此时的花榜却采用投票选举的形式，由报纸来主办，其中最著名的要算是李伯元的《游戏报》的花榜评选。这位《官场现形记》的作者，笔下生花，骂官骂得畅快，办报点子也多。《游戏报》的花榜评选，自1897年夏开始，每年评选四次，以当年的首次选举最受关注，报纸的销路为之大增。花榜选举的票，当时叫"荐书"，一份荐书算一票，以票多为胜，得票相同则参照舆论定上下。一甲三名，二甲三十名，其余有票的都放在三甲。所有参赛的妓女，无论一、二、三甲，都在报上列出。

第一次选举，虽然是仅仅事涉花界名花，但依然看的人多，投票者稀，状元仅得九票，榜眼和探花各得七票。不过，参与者中至少有一个是外国人——美国人雅脱，他发信抗议，说是丑的排前面了，美的落了后，要求更正。显然，如果此信属实的话，只表明了西方人对中国美女的感觉跟中国人自己是不一样的，按"民主原则"名次是不可更改的。虽然花榜高低一不能做官，二没有奖品，但所得到的好处也是明显的。发榜之时，报上在每个人的名字后面都注明了住所，而且开列了一些赞词。据说这些赞词都来自荐书，名次越是靠前，赞词就越长。赞词的话有长短，可肉麻程度却差不多，比人则非西施即王嫱，喻物则非花即月，什么"清若白梅"，什么"与月争妍"，连最后两名也是"身材俏丽"和"琪树琼花"（从后来流传下来当时的照片看，这些当年被吹成羞花闭月的美人，大多面容平板，目光呆滞，以今日之眼光观之，一点儿都不美）。发榜之后，不仅榜上有名，尤其是名次靠前的名花们以后生意兴隆，收入骤增，就连写荐书的秀才们也因其文辞的艳丽，多了一些在报上露脸的机会，可以多收点儿润笔。

当然，得到好处最多的是发起活动的报纸，销路增，广告多，评一次花榜怎么也能吃上几个月。事实上，随着花榜的评选，相关的各行各业都得到了拉动。当时中国的照相业刚刚起步，正是由于花榜后来上了妓女的玉照，最终吊起了大家闺秀和小家碧玉的胃口，得以蒸蒸日上。妓女的服装，由于报上的宣传而被广大的良家妇女所效法，因而服装裁剪业也发达起来。报刊也因为美女的玉照一天天多起来，由妓女而女学生而名媛闺秀日益兴旺发达，迎来了中国传媒业的第一个春天。其他被拉动的产业，估计还会有，篇幅有限，就不一一列举了。

在报纸发起评花榜之前，中国的花业或者说娼业虽然也是一种"产业"，但却只在中世纪的层次上运行，不过是人肉作坊。有了花榜，尤其是有了投票选举的花榜，才转变成了美女经济。花榜评选的设计者李伯元之流对民主政治未必了解，但却无师自通地搞起了投票选举。显然，如果不是这种海选性的投票，花榜的评选绝不可能闹出这么大的声势，当然也就没有后来绵延二十几年的花榜选举，也就没有了美女经济。西方的民主政治，落到中国人手里，最先得济的是我们的美女和美女经济。

无法分级的《色戒》

　　《色戒》的成功有风波，内地的风波来自影迷。显然出于对只能看删节版心有不甘，中国大陆影迷们再一次集体发出感慨：要是电影分级就好了。类似的讨论，好像陆陆续续已经抽风过好几回了，最后都是只见楼梯响，人就是下不来。其实，依我这个外行之见，凡是在我们的影院里放的电影，无论是外面进来的，还是自己拍的，想要分级，难。因为在我们审查者的思维里，只有删节，没有分类。他们的任务，开始是把那些令他们脸红耳热的镜头挡在国门之外，后来就变成程序了，只要见到暴露镜头就是一板斧。

　　一些发达国家之所以把电影分级，是考虑到观众的年龄段，有成人与非成年人之分，考虑到非成年人的认知水平和心智发育程度较低，有些电影暂时不能让他们看。这里，不仅仅针对暴露镜头，而更重要的是隔绝其中的暴力和血腥的因素。显然，这样的考虑，在中国没有基础，因为我们的百姓一直被视为赤子的。赤子者，小孩子也。也就是说，在中国，没有什么成人。官员，是民之父母，父母官嘛，父母官面对的、管理的，都是永远也长不大的子民。

　　正因为如此，官员对于老百姓的一切都要管起来，从理论上讲，吃喝拉撒，婚丧嫁娶都要操心，老百姓看什么，受什么教育，那自然更得严防死守看牢了。当然啦，谁家孩子的教育谁不操心呢。可惜的是，自改革以来，老百姓那种半军事化的组织化生存状态已经不复存在，大量的人没有单位，没有户口，也活得好好的，连农民都成批地变成了农民工，过着无组织无纪律的日子，官员想什么都管，实在力不从心。20世纪80年代批判声讨喇叭裤、牛仔裤、男人长头发的蠢事，没有官员肯做了。因此，老百姓的衣食住行多少有点肆无忌惮，只是在某些地方，出行选择交通工具还是有点儿限制，比如摩托车和电动车就不行。

吃喝拉撒管不了，连赤子们看什么其实也管不了。即使没有网络，中国的情色业已经开始泛滥。猥獗的色情服务业姑且不说，单说看的毛片，从录像到光碟，VCD到DVD，更新换代、普及极为迅速。试问，现在没有看过这些东西的人可还有？别老说农村落后，人家那里脱衣舞已经可以跟美国的拉斯维加斯媲美了。

管不了也得管，管那些面上能管的。于是想在国内露面的影视作品有点儿麻烦，乖巧的，在创意阶段，就得想好如何规避审查，否则拍了也白拍，除非只打算到国际上去争奖。管，在这里成了一种象征，既是权力的象征，也是体系的象征——反正不管怎么说，我还在坚持我的道德标准，至于社会上怎么样，我不管。当然，对于具体管的人而言，具体的好处也是免不了的。

有意思的是，从前管得特别严的时候，虽然老百姓是长不大的赤子，但官员好像还是成人，因为他们可以看点儿百姓不能看的东西，确实为赤子着想。可是现在，这种成人与孩童的分别已经悄然不见了，官员们已经早就没这个耐烦当成人批判腐朽。大概人家现在热衷于直接行动了，行动对象在小姐层面，从土妞跃进到洋妞，在情人层面，已经在给二奶编队了。

只是，跃进到行动层面的官员，在审查思路上却依旧墨守成规。因此，无论改革进步到什么地步，中国的电影，想分级都只能是做梦。

土洋并举的克己复礼

孔子说，礼失求诸野。看来，即使是他的时代，礼也会失掉。现在的中国人似乎再一次失掉了礼，不过这回我们没有求诸野，而是求助于礼仪专家。已经有些日子了，礼仪专家很是吃香，开始是沾洋味道现代礼仪专家走红，到处讲怎样穿西装扎领带，怎么吃西餐拿刀叉，甚至细到女人什么场合该穿什么衣服，配什么丝袜。电视热播，光盘热卖，人则四处演讲，请都请不到。近来土味道传统派礼仪专家也不甘寂寞，穿着不知是什么时代的汉服出来演礼的人，东一点儿，西一点儿，总是零星见于媒体的报道。最令人震撼的事发生在武汉，从新闻照片上看，一大群小学生依次穿上"汉服"，裹衣博带，头戴高帽子，在向礼仪专家作揖。我的理解，如果用《水浒传》上的话，就是唱个肥诺。

礼这个东西，自"五四"以后很不怎么吃香，因为时常跟礼教相关，后来一度甚至有点十恶不赦的味道，提起克己复礼，连小孩子都知道那是在批判谁。现在礼又吃香了，无论如何，好像都是好事，说明世道变了。媒体上不断披露中国游客在境外的种种不文明礼貌的行为，各个单位，从政法机关到大国企，纷纷请礼仪专家来讲课，感觉终于吃饱了（或者说部分吃得过饱）的中国人，毕竟开始检讨自己的举止了。

当然，我们现在讲的礼，不是孔子那时候的礼，这丫头不是那丫头，头上哪有桂花油？我们现在费心讲究的仅仅是礼仪，说白了，就是点儿面子功夫。按过去的说法，知书才能达礼，礼仪无论中外，对于一般人的日常生活而言，不是礼仪小姐仪式上的作秀，而是建立在文化修养上的举止做派。礼的仪式背后如果没有文化和教养，那么即使把动作程序背得滚瓜烂熟，依然属于不知礼。反过来，有教养的人，即使在具体仪式环节上有些瑕疵，也不会让人觉得失礼。

无论中国的古礼还是西方的洋礼，背后的精神都含有对人的尊重，礼仪中最重要的其实不是仪式，而是人的举止，主要是日常举止。那些在国外出乖露丑的中国游客，尤其是那些带"长"字的人们，其实在正式仪式方面，倒是很少有可能出错，在国内招待上司的时候，礼貌之周详，态度之恭敬，程序之繁复，已经达到了无以复加的地步，但是一旦离开官场内的礼仪环境，就会变得粗鄙不堪，无论是大声喧哗，随地吐痰，还是抢占座位，贪小便宜，所有行为表现出来的表面上是失礼和失态，实质上则是缺乏教养。中国游客在西方旅游，很少去博物馆，要去的话也就是去去名气大的罗浮宫和大英博物馆，就是去了，也往往挤在几幅人所共知的名画前叽叽喳喳。至于其他一些很有特色的博物馆，绝大多数中国游客，连听说都没有听说，中国游客最爱去的地方，除了红灯区，就是名牌专卖店。事实上，在国内旅游的人，表现也差不多。

我曾经多次感慨，我们教育，已经让我们的国家产生了几代缺乏文化素养的人，包括相当多所谓的精英，甚至一些从事文化教育事业的教师和研究人员，除了自己的专业之外，同样缺乏起码的文化素养。这个课需要补，但绝非短时间所能奏效。我很怀疑，眼下恶补礼仪课到底会有什么效果，甚至怀疑这些到处讲课的礼仪专家自己的文化素养究竟怎样，大讲礼仪，至多也就是暂时给自己和单位涂了点粉，还不一定是地方。当然，很多单位，是把请人讲礼仪，当成精神文明建设的任务来完成的，对于这样的单位，礼仪实际上只是一种政治任务，一种单位的文明秀，这就又当别论了。

历史可以当饭吃吗？

"历史可以当饭吃吗？"自从干了教历史这行之后，老有人问我这句话。每次问，我都老老实实地回答，不能。不过后来仔细一想，这样回答，还是有点不妥。的确，历史不是包子馒头，没法抓起来就吃，解不了饥，顶不了饿，但是历史跟吃饭，还是有点关系。

历史对于人来说，无论个体还是群体，甚至人类整体，是一种关于过去的记忆。试想，如果我们有天早上起来，发现自己失忆了，忘记了自己是谁，从哪儿来，到哪儿去，那我们怎么生活呢？也就是说挣饭吃就有了问题。推而广之，一个家族，一个民族，全人类，也是如此。只是，这种失忆，一般不会发生，所以，人们对于历史，也就不那么在意。其实，完全没有历史记忆的人是不存在的，一个人可以不学历史，但你自己家族的历史，你自己学习的历史，对于你从事行业的记忆，都每时每刻在影响你，左右着你谋生的过程，干预着你的生活。

与此同时，尽管在当今之世，聪明的学生在家长的压力下，几乎没有乐意学历史的，即使像北大历史系，也招不到好学生，录取分数段，也是北大最低的。但社会上对于历史的消费，却异常旺盛，但凡历史题材的电视剧、电影、小说，以及最近大热的通俗说史的故事书，都很有市场，可以说，除去教材，真正由读者自掏腰包买的书籍，最大量的，就是这类东西。更有意思的是，当下这些通俗历史的写作，很多居然是由当年避之唯恐不远的某些金融证券和海关界人士书写的，显然，相对于自己从事的专业，他们对于历史的阅读，兴趣更浓些。

当然，大众对历史的消费，在很大程度上是种享受，他们对古代才子佳人的兴趣，在本质上跟对现代的才子佳人没有什么不同。这从古代就这样了，古人的说书唱戏，总免不了讲史，真实与否，一般没有人在意。不过，在众多的历史消费者中，总有那么一部分人不满足于艺人的演义，怀有追索真相的冲动。应该说，在现今，这种冲动更加强烈了。这说明，了解历史，是进入文明社会以来，人本能的一种冲动。

显然，我们现在的历史界，的确无法满足这一部分人的需求。历史界虽然已经有部分的人开始步出以往阐释意识形态窠臼，不再满足于为领袖的言论找历史的证据，不再因为领袖一句话，打造历史研究的一朵"金花"，整个历史界，一共五朵金花，都跟领袖的话有关。但是，还是恪守家法，不肯越雷池半步，做明史的，不能碰清史，做清朝前期史的，不能碰晚清史，至于社会科学，更是不能沾惹，沾惹了就是离经叛道。一方面考据功夫不到家，一方面除了考证，又做不了其他事，无法对历史做出合理的解释。

更糟糕的是，即使是这样狭隘的历史叙事，也是言语乏味，别的学科，也许还有玩弄概念，故作深奥的本事，历史界连这样的玄虚也玩不了，文字谁都能看懂，就是没有意思，干瘪，乏味，没有创意，也缺乏思想。有人讽刺说，这样的学术研究，阅读者只有两个，一个是作者本人，一个是杂志的编辑。这样的历史，的确跟大众的吃饭没有任何关系，只跟书写者自己的饭碗有点干系，不写，完成不了所谓的科研任务，也许就评不上教授了。

过去历史的真相，也许永远无法复原，但人们追求真相的冲动，却也同样无法止息，正像我们不能把产品的检验交给每个消费者一样，对历史真相的追求，理所应当是每个做历史的人天然使命。把你探索出来的真相，告诉大众，把你理清的历史事件的逻辑线索，告诉大众，把完整的历史故事，讲给大众听。大家的生活，会变得更清晰，饭也会吃得更香。

红色"桃花源"的解读

——读项继权先生新作《集体经济背景下的乡村治理》的随感

南街村是个谜。自从这个河南腹地的小村庄出名以来，它的存在就困扰着学界和舆论界。誉者多，毁者也多，而南街村也有意布下迷障，故意彰显红色的面目，遮蔽其经济活动的轨迹，故而使得南街村的面目更加扑朔迷离。好在这个世界不乏喜欢刨根问底之辈，项继权先生的新作《集体经济背景下的乡村治理》一书的问世，使得南街村谜团的谜底已经初露端倪。

项先生为我们解剖了三个麻雀——南街村、向高村和方家泉村，分别位于中国的中部、东部和西部，其中最为典型，也最为惹眼的是南街村。其实，像南街村这样发展集体经济的典型，即使是在大包干的农村改革之后，也一直受到上面政策和宣传导向的双重鼓励。然而，随着时光的推移，全国范围农村的集体经济并没有普遍地发展起来，甚至像苏南这样早在改革前就已经红火起来的农村集体经济也趋向没落。南街村的典型难以推广，这无疑是令某些理论家难受的事情，究其原因，恰是项继权所指出的那样，南街村实际上是一种能人型的政治经济复合体，其中"能人"是决定性的关键因素。个中的"能人"必须同时满足以下条件：一是具有相当的政治经济能力；二是具有足够的个人魅力；三是必须具有对集体的道德责任感，而且这样的能人机缘凑巧又能处于某个村庄集体的领导位置上，否则，这种"再集体化"的辉煌就难以出现。

当然，仅仅点出南街村现象的"能人政治"本质，显然不足以揭示二十世纪八十年代中期以后，中国农村"再集体化"现象的全部内涵。无论从哪个角度来说，走出人民公社体制的中国农民，在国家日趋于和世界接轨的背景下，面对正在发育的市场，亲历迅速膨胀且又对农民深沟高垒的城市化，自身有着太多的组织化需求和对集体经济的需要。如果有可能的话，似乎没有理由相信农民会拒绝集体的帮助以熬过市场的风浪。从历史上看，中国农村事实上并不存在纯粹的小农私有制，"集体经济"往往以族产、社产等名义广泛存在，不管其经营的效益如何，对于所在的农村社区和农户都切实有用，从某种意义上说，这些公产的存在，是农民的自身需要所派生的，而不是谁强加给他们的。农民不仅对"集体经济"有需要，而且对于宗族乡社等社会组织，特别是处于这些组织顶端的"能人"也有强烈的依赖。越是在动荡和变数不定的时代，人们对组织以及能人的依赖就越强。只要能人能给农民带来好处，那么他们宁愿放弃自己的意愿，将支配自己的权力拱手相让。古代中国有过"坞壁"，近代中国有过"土围子"。现今处于转型期的中国农民，尽管可能家家都有进城打工的人，也用上了彩电冰箱，但事实上他们并没有真的现代化，农民跟他们的祖先一样，其实更希冀依靠能人和组织度过转型期的风险。只是，过去的乡社组织连同农村的自组织机制，一同被长期的动员型的体制摧毁了，乡村的革命精英又高度地政治化，缺乏领导经济活动的领袖素质，时代和机缘都没有给农民以再组织起来的条件和机会。所以，他们更多地只能与自己的本愿相反，趋向一盘散沙式的原子化。只有在少数地方，处在原体制乡村领导位置的是具备领导气质和经济能力的人，可以在合适的政治环境下（有上级的支持），利用原来的管理结构重振集体经济，建立农村基层的政治经济复合体，如是就出现了类似南街村和大邱庄这样的"奇迹"。

从某种意义上说，南街村现象不过是传统宗社乡党组织的现代衍生，正如项继权所指出的那样，在南街村，村民委员会已经形同虚设，村民代表会和村民大会也不开了，所谓的公民参与更是谈不上。南街村的权力架构，除了名称之外，已经没有什么现代意味了，不仅如此，南街村也不是毛泽东时代体制的复归。且不说其经济因为引进外资，不再具有"原教旨"的集体经济意义，就其大量雇佣劳动而言，就已经离"共产主义"太远了。极而言之，南街村的两大社会阶层，上万人的"外工"和不多的"本土村民"，以及附着于本土村民的荣誉村民，后者是所有者、管理者以及食利者，前者只是劳工，按马克思主义经典论述，后者是在榨取前者的剩余价值。所以说，实际上，南街村随处可见的革命标语，高亢的革命歌曲，反复的思想政治教育和高举的毛泽东旗帜，说白了只不过是一种文化，一种与南街村的当家人王洪彬的治理结构相匹配的文化。借助于这种文化，对内可以增强凝聚力，强化管理，对外则打出南街村的标志，具有强烈的宣传和广告作用。不论王洪彬对此有无自觉，但南街村的红色的确在客观上起到了这种效果。南街村经济发展得规模越大，其治理方略"外圆内方"中的外圆部分就越是发达，甚至将桑拿房、歌厅都为"外圆"管理人员建好。同时，也使其内部在"共产主义"的道路走得越远，或者说红色涂抹得越重，甚至要建大食堂，不让村民在家吃饭，申请将南街村改为"南德公社"。

正是因为有了这种红色的文化，所以南街村整体上的秩序、凝聚力都要大大地优于向高村和方家泉村，集体经济也更为壮大。当然，其知名度也更高。虽然，真正导致南街村集体力量的关键因素，是"班长"王洪彬的经济开发和管理能力和看得见的绩效，但南街村以尊崇毛泽东为标志的革命文化还是强化了班长的个人权威，在南街村，"'听班长的话，按班长说的去做'，几乎成了人们的口头禅"。这样的情景，总是让人按捺不住要想起过去那个熟悉的岁月。

在中国，当一群农民和一个具有超凡魅力的领袖在某种机缘下以某种结构结合时，凡是能成点儿气候的，除了合适的权力架构之外，总是会适时地出现某种文化。历史上的许多文化要素都出现在这种集团文化中，佛教、道教、基督教甚至会道门的异端奇说，有了这种文化，集团内部对领袖的个人崇拜都无一例外地得到了加强。在河南这块土地上，我们已经看到了太多这样的团体。现在我们知道了，原来这种模式也可以复制到集体经济中，为农民做点儿好事。只是我们担心，一旦领袖不在了，或者一时发昏做出反常之举，事情将会是怎样。

一千多年前，陶渊明写过《桃花源记》，记的是一个留在历史深处的小天地，据陈寅恪先生考证，陶潜的桃花源实际上就是那时代常见的坞壁，人们为了躲避战乱聚族据险筑墙形成的一个个小聚落。那里，没有例外地都会有一个深负众望的领袖。我感觉，南街村这样的地方，真有点儿像是市场海洋中的坞壁，只是这个坞壁有的部分停滞在历史上，有的部分却与时俱进。

真祖宗和真真老王麻子剪刀之争

号称炎黄子孙祖宗的黄帝如果地下有知，最近会肯定感到有点乱。从前祭祀他老人家，都在陕西黄陵，近来河南新郑也在祭，说是那儿才是黄帝的老家，其实，河北涿鹿也建了一处纪念黄帝的所在，说那儿是黄帝最后战胜蚩尤，奠定大局的地方。陕西官员有点不乐意了，建议国家出面，整理祭祖的乱象，言外之意，就是罢黜别家，独尊我这儿。

类似的问题，在别的祖宗级人物身上也有，伏羲、女娲、炎帝，还有尧舜禹汤大家也在争抢，就跟争黄帝一样，各有各的道理。各地的人文学者忽然之间都有用武之地了，跟着本地的官员屁股后面，引经据典，各执一词，异口同声，都说自家门口这个祖宗才是真的。一时间，中华大地，遍地祖宗。反正这些遥远而名头特大的祖宗，在哪儿都找不到哪怕一丁点儿过硬的考古证据，证明这个地方就是祖宗"生活战斗"过的地方，或者死后葬身之所，大家争来争去，口吐白沫，所依据的，无非是那么点典籍上的记录，甚至一些虚无缥缈的民间传说。这些记录和传说又过于简略和模糊，正好留下空间任我们这些后世子孙想象发挥，这大概要算是我们另外一些管记事的祖宗留下的遗德。

当然，人世间熙至攘来，无非"名利"二字，凡是要争的东西其间必有好处。文化的这个小老鼠拖出的必定是经济这个大木锨，所谓文化搭台，经济唱戏。眼下尊孔之风甚炽，孔子已经被炒成世界的万世先师，但孔庙所在地的曲阜却越来越像一个超级的集市，孔府一部分和庙也曾被包给旅游公司经营挣钱。孔府家酒、孔府宴酒，其实跟孔府毫无关系，只是商人弄出来低质白酒，却顶着孔府名头热卖那么多年，把老人家毁了不知多少遍。有根有据、有府有庙的孔夫子命运尚且如此，那些目前还没有找到考古依据的祖宗，自然也只好为拉动各地的旅游经济做贡献了。只需建几个莫名其妙的台子和房子，刻上祖宗的名号，就可以逗引大家来此撒钱了。前几天闹得沸沸扬扬的中华文化城，追究其动机无非也是抢祖宗。平心而论，他们也冤——凭什么啥凭据没有的地方一会儿祭黄帝，一会儿祭炎帝，而我们这里又有孔庙又有孟庙，却不能把所有的国家祭祀都拉过来？

这种争夺，由于没有证据，也没有限制，很容易让人想起当年北京的老王麻子剪刀。老王麻子剪刀问世之后，由于产品过硬，质量好，一时畅销南北，人人爱用，结果，就冒出很多家老王麻子，为了维护品牌，原来的店铺只好在自家的招牌上加一个"真"字，变成真老王麻子剪刀店。道高一尺，魔高一丈，你加一个真字，人家加两个、三个，真真、真真真老麻子剪刀店。最后是任谁也搞不清到底谁是真的，真正的王麻子也就没了。那年月的剪刀品牌没有专利制度保护，现在我们的祖宗也没有专利制度确认，大家看在钱的面上只好争、掐。陕西的官员指望中央政府出面维护自家的独占权，其实很傻、很天真，中央政府怎么会做这个冤大头，断这个根本断不清的官司？

其实，我们的这些祖宗到底是实有其人还是历史传说，在学界还是有争论，尤其是西方学界都属于不见棺材不流泪的主儿，不拿出点过硬的考古依据，人家不会买账。当然，作为中国人，我们也有理由相信这些远古祖宗的真实性，同样为西方不认账的殷商，不是已经被考古发现所证实了吗？出土甲骨文上记载，同时也证明了我们太史公的记录，其实有凭有据。既然这段记载可以被证实，那么炎黄的记载也未必就一定不能被证实，说不定哪一天，我们会像发现殷墟，发现红山文化，发现良渚古城一样，发现炎黄的遗迹，尧舜禹汤的旧址。但是，前提是我们必须尊重和爱护我们的古迹，像保护自家眼睛一样保护好我们现有的和地下可能出现的文物古迹。不能像现在一样，地方政府都在捕风捉影地热衷造假古董，却不约而同地对本地的真古董漫不经心，甚至听任其风吹雨打，人为毁坏，或者过度商业开发，能挣一个是一个。对新发现的考古遗迹，如果名头大，就急于开发，开放旅游，如果名头小，则不闻不问。

这样下去，结果是可以预测的。终有一天我们就像争抢王麻子一样，把祖宗给争丢了，遍地祖宗等于没祖宗。

狗血淋头的文人

古来文人之厄莫过于文字狱，大约文人所依仗的不过一支秃笔，不弄点什么在纸上，甚至刻成书就难受。

当然，这一不难受就容易出事。

逼上梁山的《苏报》

1903 年的《苏报》案，无论在当时还是在后来历史学家的视野里，都算是很大的政治事件。几个特别善于舞文弄墨、也特别能战斗的革命党人接办了租界里一张影响并不大的小报，公开抨击政府，指名道姓地骂街，说光绪皇帝"载湉小丑，未辨菽麦"（章太炎），要与"爱新觉罗氏相驰骋于枪林弹雨之中"（邹容）。骂的刚回銮不久的西太后无论如何坐不住椅子，指示当时的两江总督魏光焘无论如何要将这一干乱党捉拿归案。

可是《苏报》办在租界里，一干"乱党"（章士钊、蔡元培、吴稚晖、章太炎、邹容等）也在租界和华界之间出没，稍有风吹草动，就溜到租界去，让清朝的官员望界兴叹。还好，由于西太后雌威尚在，施加的压力足够大，而且章太炎们骂得也忒出格，加上此时的西方列强对已经服帖而且表示要改革的清政府也多少要给点面子，所以列强的领事们同意查办这些革命党，只是只能在租界内审办。清朝官场徇私舞弊的积习在这个时候起了非常正面的作用。办案的江苏候补道俞明震，跟这些党人有着千丝万缕的联系，兵马未动，风却早就放出去了，明白地暗示这些人赶紧开溜（此公后来做了矿务学堂的总办，给学生出国文题，有"项羽拿破仑论"这样的好名目。这个学堂最有名的学生叫周树人，即后来的鲁迅）。章士钊、蔡元培、吴稚晖，加上报纸的老板陈范很识趣地走开了，只有骂了皇帝的章太炎不肯走，几乎是自投罗网似的被捉了进去。讲义气的邹容不忍心让老大哥独自坐监，也投案自首。在名为中外合议、实际上是洋人当家的会审公廨上，章太炎

220

发挥自己文字学的学问，硬是考证出"小丑"的古义本是小孩子，因此他没有骂人。邹容则辩解说，他那号召推翻清政府的《革命军》根本就是别人的盗版，他写是写了但没有发表。尽管两位经过高人指点，通晓西方法律的革命党在法庭上辩得让人直晕，但是原本就打算给清政府面子的法官还是判他们二人有罪，分别服刑两年和三年（不引渡，在租界服刑）。

《苏报》原是一介普通的小报，在风气渐开的19世纪末，上海这个华洋杂处的所在集聚了太多的有闲和有闲钱的人，学洋人办报是这些闲人和闲钱的一种出路。《苏报》的创办人胡璋，不过是为了拿这个报纸生钱，跟办工厂、开钱庄差不多，只是胡某人办的不好、赔累不起。转给陈范之后，虽说陈有政治倾向，同情变法，但也跟银子没仇（不挣钱的报纸办不下去），所以也得谋经营之道。谈政治虽然危险，但在那个年月，却是时髦，有市场。据阿英研究，在19和20世纪之交，中国的通商口岸，讲政治是最受欢迎的，连小说不讲政治都没有人读。只是《苏报》最初谈政治，完全是康党（康有为）的口吻，可是随着朝廷政治颠三倒四地开倒车，戊戌政变直至闹到庚子之变，杀教士和教民，打使馆（外国舆论以为我们在搞恐怖主义），闹完之后又迟迟不肯认错，《苏报》也逐渐地走向激进，倾向革命了。当然，这里也有市场的原因，因为在这个时候，越是激进的言论才越是引人注意。其实，苏报案的一干主角们，跟孙中山不一样，当初也都是康党或者倾向维新的，章太炎就参与过《时务报》的事务。由改良转为革命，也都是由于对清政府的失望。

《苏报》上梁山有清政府的催逼，也有市场的拉动，当然，一个很关键的催化剂是存在租界这种国中之国。《苏报》案的"重罪"（按大清律是要凌迟处死的）轻判，对于后来的舆论界的形成，起了很正面的作用，让游荡于租界内外的知识分子实际上受到了鼓舞。从那以后，舆论界一发不可收拾，形成了对清政府改革（新政）的巨大压力，起了改革的推进和校正器的作用，主持改革的政府稍有不慎就会被骂得狗血淋头。

文人打手的故事

　　张继是国民党元老，属于文官，不过他的这个文官，在年轻的时候，却以能打闻名。张继当年也是公派留日生，但很早就因受不了日本人的嘲笑，剪了辫子，很为留学监督姚某看不惯，总是说三道四，说得张继性起，约了同为剪辫党的陈独秀、邹容，找个碴子，一个抱腰，一个捧头，一个挥剪，把监督大人的辫子也给咔嚓掉了。监督大人官做不成，张继也只好做革命党了。

　　说起来，革命党起事的资格，要比康有为、梁启超等人的保皇党老得多。但自从保皇党流亡海外，康有为拿着一个假的衣带诏，以一介冒牌的帝师的身份，在海外华人华侨中招摇，居然后来居上，很有市场，要钱有钱，要人有人。双方各开大会，往往是保皇党的会人多势众，这次第，令革命党人很是气闷。这个时候，教科书上说，革命党和保皇党开展了一场大辩论，在辩论中，由于主持《清议报》的梁启超这支笔，敌不过主持《民报》的章太炎的那支笔，所以，革命战胜了改良。其实，要论宣传，梁启超的时务体绝对天下独步，怎么可能输给为文古奥的章太炎？原来，这里面另有内情。

　　在章太炎跟梁启超打笔仗的同时，张继也上场了，他的武器不是羊毫，而是一柄粗大的枣木手杖。每逢保皇党开会，张继便领了若干健将，杀将前去，二话不说，挥杖便打，梁启超们开始还欲与之理论，可是枣木杖招招见肉，秀才遇见兵，只好落荒而逃。只要保皇党人开会，张继不知道便罢，知道便去打，非打得人家鸡飞狗跳而后止。保皇党人虽多，但架不住张继之勇，所以每打必败。当时，同盟会和保皇党人的基地都在日本，而日本警察虽然效率很高，但对这种中国人之间的内讧，根本没有兴趣理会。久而久之，保皇党人的活动在日本都没办法进行了，又过了一段时间，至少在声势上，革命战胜了保皇。当时，同盟会有四大打手，张继排行第一。

张继打手的英姿，到了老年，又得到了一次施展的机会。那是 1935 年，国民党在南京开大会，上海的洪帮受某些势力的指使，派出刺客化装成摄影记者，行刺国民党要人。结果临场的时候蒋介石不在，刺客便对汪精卫下手，刚开一枪，便被两人制住，一人抱腰，一人卡住手腕夺枪。夺枪者为张学良，抱腰者，乃年逾七十的张继。能当刺客，当刺杀国民党要人的刺客，大抵都有两下子，居然被张继一抱而不能动，可见昔日打手不减当年之勇。

革命不是请客吃饭，打人当然不在话下。不过打的对象，不是满清亲贵，而是同为流亡海外的文弱同胞，似乎胜之不武。况且，革命也好，改良也罢，不过是手段，目的都是为了国家的富强，人民的康乐。手段、道路的选择，其实真是需要辩论的。辩论是讲理，不是动蛮，如果靠动粗打架取得了胜利，这个胜利，对于国人意义其实不大。何况，无论主张革命还是改良，保存帝制或否，双方都是在以西方政治为蓝本，区别只是学美国还是学英国，手段是暴力革命还是和平渐进，而目标都是建立西方的代议制政体。可是，在革命和改良的争论中，在革命党和保皇党的角逐中，双方都不能坐下来讲理，辩论实际变成了谩骂，背后还有棒喝党的开打。彼此在对方的眼里，都是最凶恶的敌人，甚至比他们共同痛恨的叶赫那拉氏还要可恨。比较起来，激进的革命党人，似乎又更显得理直气壮。

显然，张继虽然勇，但他不是流氓痞棍，只是一个文人。就当时而言，是自以为他们对，真理在握，才这样勇往直前的。在握的真理，给原本不正当的行为蒙上了一层道德的面纱。

吴稚晖的两次"冤"

吴稚晖是个民国怪人。在国民党内，他无疑属于元老级的人物，但其政治表现却总是二丑模样，半是名士派头，半是玩笑洋相，总也正经不起来。日俄战争期间，留学生在东京开会，吴稚晖上台大骂西太后，骂着骂着，肚子一鼓，裤子掉了下来，提上之后，面不改色，依旧是骂。

北伐成功，国民党当了家，吴稚晖成了元老中的元老，而且年逾耳顺，奔七十了却依然为老不尊，疯癫如故。喜欢穿土布大褂，坐三等车，睡大车店，还特别喜欢在住所周围的空地上方便（吴《斗室铭》有句云："耸臀草际白，粪味夜来腾。"），极其健谈，话匣子一开就关不住，所讲的话庄谐杂出，格外喜欢在脐下三寸左右徘徊，越是有女士在场，就越是卵蛋、精虫地说个不停。为文最喜欢的东西，一个是嘲笑瘌痢头的《瘌痢经》，一个一开首便是"放屁，放屁，真正岂有此理"的鬼话《何典》。西太后死的时候，吴稚晖写文章去骂，要李莲英伸手扪西太后"干软的乳头"，全不顾人家看了会不会呕吐。

不过，一生嘻嘻哈哈，老不正经，拿肉麻、下流当有趣的吴稚晖也有不爽的时候。第一次是甲午战争之后，知识分子闹变法，康有为叫得最凶，公车上书之后，同为举人的吴稚晖慕名去见康有为。说起中国之病，公推"八股"、"鸦片"和"小脚"（缠足）为三害，由是约定，大家不再参加科举考试。三年后，吴稚晖老实地遵守了约定，没有下场，可是康有为和他弟子梁启超却照考不误，康有为还中了进士。吴稚晖一怒之下，一度愤而"反动"，

224

故意跟进步潮流唱反调，为难追求新思潮的学生（时吴在北洋学堂教书），好不容易才回过味来，死活也不肯在北方跟康梁们一起干了，跑到家乡另起炉灶。后来吴稚晖从康党变成革命党，估计跟这次"上当受骗"很有关系。

吴稚晖的另一次不爽的经历，跟《苏报》案有关。亦宦亦商的陈范接手《苏报》，半出于对朝廷的不满，半出于销路的考虑，将报纸交到了爱国学社里（笔和嘴巴都很厉害的一干人手里），吴稚晖也算是其中的一个。这些人在报上大骂皇帝，骂的北京的西太后坐不住椅子，动用国家力量来惩办"乱党"，具体的经手人却是很开明的俞明震。俞明震兵马未动，却先托关系找到了吴稚晖，在出示了朝廷要将《苏报》同人拿办正法的谕旨之后，却连说"笑话，笑话"，并说他们以后可以多联系，告知了联系的方式，最后暗示，吴稚晖可以出国避一避，去欧洲、美国均可。对于俞明震的卖好，吴稚晖和《苏报》的同人（蔡元培、章士钊、章太炎和邹容等人）开始是当笑话听的，由于有租界的庇护，他们根本没把北京那个老太婆的雷霆之怒当成一回事。在此之前，租界当局已经找过他们若干次，并保证说，只要他们不私藏军火，仅仅是批评清政府没有关系。但是，他们没有估计到的是，即使是西方国家，国家的利益和言论自由的理念比起来，后者依然脆弱得很。当西太后很是认真的时候，已经跟清政府达成了协议，而且有 4 万万白银的赔款厚利要拿的西方国家多少都是要给点面子的，尽管这个西太后刚刚很不人道地把一个"持不同政见者"杖毙掉了。

于是，《苏报》案发了，章太炎和邹容进了租界的监狱，虽然在清政府看来是重罪轻判，但毕竟有人受了惩罚。在《苏报》同人大多避开的同时，吴稚晖走得最远，真的去了英国，全不在意"英伦居、大不易"的花费。案发后，有消息传出，说是章太炎和邹容的入狱是吴稚晖告的密。当然，这是冤枉的。尽管吴稚晖走得远了点，如果仅仅为了避难似乎没有必要，但章、邹二人的落网的确跟吴稚晖没有任何关系，因为当时办案的人，无论是中国方面的官员还是租界的巡捕房，都没有任何的热情，事还没办，空气早就放了出去,咋呼的地球人都知道了。章与邹的被捕完全是这俩人的自投罗网,找上门去的,大概就是想弄出点事来好扩大影响。这里面,抓人的和被抓的没有丁点的秘密可言,当然也就没有密可以告。至于为什么俞明震偏要找上吴稚晖,很可能是因为这些人里只有吴稚晖是江苏人(还是绅士),而俞恰在江苏做官,身家事业都在江苏。

吴稚晖这两次际遇的确有点冤,以至于事情过了很久,党国的"稚老"依然愤愤不平。不过,这个"冤"也反映出吴稚晖其实并没有人们想象得那样潇洒和狂放,对于自己没有拿到进士的头衔,多少还是有点惋惜,对于清政府或者说对一切大权在握的人也有相当清醒的认识。一个《苏报》案,章太炎自投罗网(还是有风险的,毕竟沈荩刚刚被杖毙),而吴稚晖却远走欧罗巴。回来以后,虽然身属革命党,信仰无政府主义,但暴动暗杀的事情(这恰是欧洲无政府主义者的拿手戏)却一点也不沾边,既比不上幕后策划的蔡元培、陈独秀,更比不上亲自动手的吴樾和汪精卫。再以后,我们发现,嬉笑怒骂皆成文章的吴稚晖对于最有权势的那么几个人却连小骂都没有,无灾无害地做着国民党的中常委。1949 年以后,蒋介石周围像吴稚晖这样专门舞文弄墨的人,戴季陶自杀了,陈布雷也自杀了,可吴稚晖却活得好好的,吃得下、睡得香,躲到台湾活到自然死亡。

狗血淋头的文人们

古来文人之厄莫过于文字狱，大约文人所依仗的不过一支秃笔，不弄点什么在纸上，甚至刻成书就难受。当然，这一不难受就容易出事。在皇帝的统治下，政治上的忌讳是免不了，写下白纸黑字的议论，如果政治上不正确，又恰好碰上个过敏的主子再加上若干条鼻子特好使的狗，那么有可能倒霉。

有明一朝，在开始的时候，朱元璋识字无多，文字狱往往都是阿Q式的，自家秃头，忌讳人家说光，偏有那么些小文人对拍马屁特别有兴趣，自投罗网，结果一个接一个地莫名其妙就丢了性命。到后来，随着皇帝的文化水平的提高，文字狱的水准也水涨船高，稍微像点样了。比如李贽放言无忌，捧秦始皇，赞美私奔的卓文君，说伺候了四朝皇帝的冯道的好话，连对孔子都敢说三道四，宣称不一定以其是非为是非。结果被捉进宫里，断送了老头皮。

历朝历代论起来，还是清朝文字狱最红火，康雍乾盛世百多年，就闹了百多年的文字狱。不仅传统的政治不正确的话题依然，而且又新添了许多敏感领域，不仅狄夷这种字眼儿犯忌讳，连明、清的时候，朱、红都碰不得，如果你不小心说出了一个以前看起来是常见的词组——浊清，皇帝肯定会龙颜大怒，说你把"浊"字加于国号之上，是何心肠？甚至如果你在诗文里多用了几个"日""月"，也可能被人告发，说是别有用心——念念不忘明朝。不过，要我说，文人最倒霉的还不是在文字上遭灾，如果真是在文字上触犯了忌讳，尽管断送了老头皮或者不老的头皮，在后人那里还多少能赢得几分赞誉，被夸有勇气，甚至有见识。可是那些被以另外一种名义修理的文人，不仅当时很惨，过后也得不到后人的好评，在今天看来属于晦气到家了。清初的吴兆骞就是这样一个倒霉蛋。

吴兆骞是明末清初之季江南有名的才子，这样的才子在明社为屋之际，尽管没有顾炎武、傅山、张煌言、夏完淳那样的恢复之志，但多少不免有些家国之慨。虽然很快就出来应试做了顺民，但对于清朝皇帝来说，这种人还是有欠修理的地方，至少为了惩罚江南地区士大夫的不安分，也要弄点儿名堂杀一杀这些人的傲气。于是，科场案出来了，凡是被举报的考官考生，统统丢了吃饭的家伙，而取中的举子则被押到北京，俩兵丁拿着大刀看一个，让他们在皇帝面前当场考试。江南才子吴兆骞就是被押解到京，在杀气腾腾的考场上考试的一个倒霉鬼。

一种说法是，从来都娇生惯养的吴兆骞哪里见过这样的阵势，不免浑身颤抖，握不成笔，结果交了白卷。还有一种说法是，吴兆骞被押进考场之后，傲气陡起，说我吴兆骞考个举人还用受这种气，一字不写，交了白卷。不管哪种说法是对的，反正吴兆骞交了白卷没有错，而且因此被流放到了极边之地，到宁古塔（今黑龙江宁安）给披甲人为奴了，再重一点就是绞刑了。尽管吴的文名早已上达天听，皇帝应该知道，此人的白卷不代表他只能靠走后门才能考上，但处分依然是这么重。吴兆骞在宁古塔的冰天雪地里，背着考试作弊的罪名，一待就是 23 年，最后还是一班儿老朋友看不下去，托关系托到当时的权相明珠的儿子纳兰性德头上，纳兰惺惺相惜，伸以援手，这才让吴兆骞在暮年回到了家乡。

以吃为价值取向的民族

也许可以这么说，一个"吃"字和一个"家"字，体现了中国人基本的价值取向。什么都可以丢，就是这两个东西丢不得，实在被逼到墙角了，高尚一点的人可以为了家而牺牲吃，而品性差一点的则往往为了吃而牺牲家。"吃"作为价值取向，主要表现在多数人活着是为了吃，而不是看起来更为合理的吃是为了活着。食不果腹的时候当然谈不上价值观，但是只要国人有了余钱剩米，吃顿好的或者顿顿吃好的就成了人们每日的不懈追求。用老北京的话来说，就是"奔"，到底是奔窝头加咸菜呢，还是奔烧饼夹肉。战国时孟尝君门下客冯谖感慨怀才不遇，弹铗而歌提抗议，首先要求的就是"食有鱼"。

国人有福，吃顿饺子都要攒肉票的时代总算过去了。虽然农民还很苦，但解决了温饱并进入小康的人家毕竟很多了。有多少呢，保守估计，一亿上下总是有的，从冰箱、彩电、空调、电脑的消费上就可见一斑，如果搁在 20 世纪的 70 年代，这些东西就是拿到了中国也是没有人买的。按道理，衣食足就该知礼义了，对书的需求应该大一点了。可是情况很不妙，在我们这个礼仪之邦，造纸和印刷术的发明地，有过欧洲人还满足于少数教士传阅可怜的几本羊皮纸书的时候，我们的书坊已经把书铺到了穷乡僻壤的光辉历史。可是，现在我们出版的图书，居然 60% 以上是教材，如果再加上无孔不入的教辅（辅助教材），那么一般性阅读图书的比例小得可怜（在发达国家，这个比例是倒过来的）。这个数字意味着什么呢？意味着我们现在的国民所看的书，绝大多数属于强迫性阅读，因为上学要考试，或者学校硬性规定必须买（比如大量的教辅），不得不购买或者阅读。全国90%以上的出版社都是靠出教材养活的，无论中央还是地方，凡是具有传统教材资源的出版社，比如教育社，一律财大气粗，日子过得滋润。像美国那样，鼓励学生用二手教材的建议，对出版界来说等于是灾难。毋庸讳言，我们这个据说是唯一延续下来的文明古国，现在的国民却不喜欢读书了。

原因是什么呢？有人说，现在没有好书，也有人说现在书价太高。前一条理由有点儿道理，其中的缘由很复杂，最大的因素是出版管理部门卡得太死。尽管如此，市面上有价值的书还是一年年地多了起来，断不至于到了让人无书可看的地步。至于后一种解释其实并不成立。出版虽然也可以说是"垄断"行业，但由于这个行业的特殊性，并不可能真的维持高额的垄断价格，因为消费周期过长，而且书籍毕竟不能像电信、石油甚至药品一样，强制人们消费。书的价格比起计划经济时代是高了许多，但出版者其实并没有暴利可言，无论是书商还是出版社，真正做大的其实没有。在市面上，五六十元一本的书已经属于高价了，面对这样的价格，大多数读书人见了都会掂量掂量，如果不是特别需要或者特别的喜爱，估计多半是要掩面而去的。但是同样是这些人，请朋友吃顿饭，或者是几个人没有什么特别的理由，就是相聚一下，吃饭或者K歌的钱一般都要超过此数。

我们就是这样，吃饭花上百元，只要感觉还可以会觉得很便宜，但买书花50元会觉得很肉疼。饭是必须吃的，而书则能省则省。我们的大学生，说起来也算是读书人，但每年花在饭店里吃饭的钱，绝对要比买书不知多上多少倍。大学内外的饭店开一个火一个，即使价格比其他地方的贵上许多（尤其是大学里面的饭店），但一样天天爆满，可是谁见过大学书店有如此的人气？在大学生活的人们，除了那些特别贫困又无力打工挣钱的人外，好像有无数的理由聚会吃饭，什么生日啦，老乡会啦，师生会啦等，即便什么借口没有，也有可能出来撮一顿。现在这种聚会，据说时髦的已经改K

歌和泡茶楼了,但这些地方大多也是连吃带玩,所以依然离不开一个"吃"字。

当然,大学里应该提供给学生所需阅读的图书,可是我们的大学原本图书资料就不足,在目前大学疯狂扩招的情况下,根本不可能有这样的可能了。的确,我们应该痛责那些主其事的肉食者,他们应该负主要责任,但是反过来,难道我们已经进入大学的人就只能在怨天尤人并吃喝玩乐中等待吗?没有这个经济实力者另当别论,而有这个能力的人,对于可花可不花的吃喝钱可以舍得,对于关系到自己学业前途、实际上必须花的买书费用可以省掉。扪心自问,难道不觉得我们有点儿奇怪吗?

古语道,民以食为天。这在吃不饱的情况下是对的,但如果已经吃饱了,还要以食为天,那就有点儿问题了。

不识字的好处

人能用符号表达意思，到底是福还是祸？其实并不是一个有确定答案的问题。传说仓颉造字，天雨粟，鬼夜哭。天上往下掉小米是好事，知识可以带来财富，殷墟甲骨文多为巫师的手笔，"不稼不穑，胡取禾三百缠兮？"人家识字。但是鬼夜哭则不是什么好事，小时候听大人讲鬼故事，听到鬼夜哭八成祸事来了。知识既可以带来财富，也可以带来灾祸，就人类整体而言如此，个体的人也如此。

闲来无事，翻了一本老红军的私人回忆录。此人虽然级别不高，但在延安期间，由于学过厨师，长期在后勤部门工作，因此见过的事多，见过的大人物也多。由于级别不够，没有组织上给他配人撰写，只是由他个人口授，儿子记录下来的，因此就没有那么多顾忌。读起来，可以了解延安生活的诸多细节，值得一说的事很多，但是我最想说的却是老人有关识字的经历。

老人是个红小兵，十二三岁就跟上红军，他所在的川陕红军在张国焘领导下肃反肃得凶，红军里凡是出身差一点的就有危险，而检验出身的标准之一，就是看这个人识字多少。当然，北大毕业生张国焘是不在其内的，因为他是最高领导。虽然识字多了有危险，但军中却办识字班，教那些文盲战士识字，我们这个红小兵学习很卖力，成绩突出，但是识字教员偷偷地跟他讲，不要这么卖力，识字多了当心被当反革命抓进去，他正在疑惑，识字教员就被肃掉了，识字班无疾而终。从此而后，红小兵再也不敢识字。到了延安，给首长当公务员，首长教他识字，不干，送他去学校学习，不干，最后，只学了一手厨艺。结果，到了延安整风期间，不识字的好处显出来了。他回忆道："我没有文化学历，历史清白，审干审不到我的头上，整个杨家岭的干部就属我吃得饱，睡得香，既不考虑如何去整人，也不担心被人整，悠闲自得。整风审干负责人之一的邓洁在大会上宣布：'从今天起，办公厅、中组部、中宣部的同志一律不准走出杨家岭的大门，谁有什么事情要办，去找李耀宇（回忆录作者）同志，让他替你们去外面办去，大家尽量克服一下，全力整风，清查特务。'"（李耀宇口述《一个中国革命亲历者的私人记录》，第 145 页，当代中国出版社 2006 年版。）

这是何等的幸福，众人皆囚，我独逍遥。不许外出的人不是挨整，就是整人，整人者复被整，被整者再整人，自杀的，跳井的，鬼哭狼嚎，独独自家可以置身事外。如果优越本身就意味着幸福的话，那么这种鹤立鸡群，独获自由的感觉，大概人世间没有多少人能得到。诡异的是，得到这一切，仅仅因为这个人是个大字不识几个的大老粗！

出身寒苦＋大字不识＝忠诚，这样的等式什么时候建立的？大概很早，唐明皇信任安禄山，原因之一就是他出身苦，不识字，不懂礼仪，连饭桶裙带宰相杨国忠都看出安禄山要反，唐明皇还是信任如旧。安史之乱后，唐朝藩镇割据，节度使们却犯唐明皇一样的毛病，所用的牙兵，即宿卫，都是粗豪而不识字的精壮汉子，时间一长，尽管好吃好喝好招待，牙兵却大有不稳之势。逢年过节，节度使要打着牙板给牙兵们唱小曲解闷，这也不行，牙兵说反就反，换领导就像换自己的破靴子。

唐明皇不傻，在唐朝皇帝里面，老人家要算聪明人，各个藩镇也不傻，相信老粗忠诚，易于操纵，也不全错。在老粗被任用之初，甚至可以说相当对头，老粗朴实，忠厚，少假恩义，人家可以忠诚得像狗一样，一副死心塌地的模样，有哪个统治者不为之心旷神怡？糟就糟在人是会变的，朴实的老粗一旦发达之后，很容易发生变化。民国的军阀中，冯玉祥最喜欢用老粗，不喜欢用军校学生，招兵的时候，一看脑后有没有小辫，二看手上有没有老茧，选军官更是如此挑选，平时狗子、厚儿地叫着，想骂就骂，说打便打，亲昵得如自己家的儿子孙子。冯系的军队没有坐大之前，军队的凝聚力大得了不得，北京政府撤掉冯玉祥这个混成旅长，全旅官兵一致反对，新旅长就是没办法履任。可是，到了这些狗子、厚儿都混出模样来了，他的话就不灵了，在蒋介石金钱美女、银弹肉弹的攻势下，一个又一个离他而去，害得他感慨道：西北军朴实能打，但是就有两样不好，一是见不得钱，二是见不得女人。

不过，固然有两个见不得的毛病，聪明的统治者依旧喜欢老粗，统治阶级还是靠着他们踏实——道理很简单，这些人对上面不会有思想的歧义，不会怀疑领导的正确与英明，赞美起皇帝的新衣来，显得那么诚心诚意。

所以，识字的必须整，思想改造多少次都没有够，活到老，改造到老，有些倒霉的，到不了老就见了马克思，那也没办法。但是老粗就没事，基本上用不着改造，就是犯了错误也多半赖别人——被资产阶级拉拢或者资产阶级思想腐蚀。正因为如此，在社会主义阵营中，中国是唯一一个长时间完不成干部知识化的国家，其干部队伍是所谓的知识分子干部和工农干部长期共存，后者领导前者，后者改造前者，后者具有充分的合法性和自豪感，有事没事，胸脯一拍，老子是大老粗，斗大的字不识一筐，怎么样？

任何国家机器都存在忠诚和效能的矛盾，造反的时候忠诚优先，可以理解。轮到自己当家作主了，依旧忠诚优先，不顾效能，多少有点儿令人不解。唯一的解释是，国家在某些人眼里其实不算个什么东西。

梁启超和胡适的"医疗事件"

人们对某一事务或者某个人群的判断，往往受自身经验的影响。上某个机关办事，受到冷遇，从此对这类机关都没好印象，被某个地方的人坑了，也会导致对这个地方的所有人都失去了信任。生病找了中医，治好了就一辈子笃信，如果摊上是西医治好了，也一辈子笃信，甚至爱屋及乌。前些年研究晚清教案的时候，发现很多人入基督教，往往是碰巧生病被传教士医生治好的缘故，入教时对基督教一无所知，入教之后也不甚了了，但对教会的虔诚却至死不渝。不过，有两个大大有名的人却不是这样，一个是梁启超，一个是胡适。

很多人都知道梁启超 1920 年代末死于医院一次失败的手术，当时梁启超身患肾疾，主刀医生却误把梁启超健康的肾割掉，结果导致不治。这个医疗事故，在梁启超的坚持下，其家人一直讳莫如深，直到很久以后才被披露出来。在此之前，胡适先生也生过一场不小的病，巧得很，也是肾炎，在西医束手无策的情况下，找到当时上海的著名中医陆仲安，几付药下去，居然治好了。奇怪的是，胡适先生对此也讳莫如深，虽然在开始的时候写了文章，简单提到过，然后就开始含糊其词，始终不肯痛快承认此事，那篇文章也不收进《胡适文存》，到了晚年，甚至抓住有关报道中的枝节错误，矢口否认。害得胡适先生最忠实的门徒罗尔纲先生大惑不解，不明白一直痛恨说假话的先生为什么自己要说假话。（参见罗尔纲《师门五年记·胡适琐记》）

一个被西医治坏了不肯声张，一个被中医治好了，也不肯声张，疗效虽殊，但用心却一，都是为了给西医留面子，生怕败坏了西医的名声。一个不惜以身相殉，一个不怕背上负义之名，就西医而言，委实令人感动。无论后人对此有何评价，二人此举毕竟标志着他们是有信念之人，不会因为一时的个人遭际，就放弃或者怀疑自己的信念。

　　不用说，他们的信念是科学主义。尽管二位基本上没有受过多少科学的教育和训练，研究的对象，也不过是中国自家老店里的旧货色，梁启超只是自己看了几本粗浅的科学启蒙书籍，胡适到美国留学，开始学农学，被一个苹果难倒，随即转成哲学了，但他们对科学的信念，却坚定得令人咋舌。从某种意义上说，那个时代大部分提倡西学的人，骨子里都是科学主义者，认可西学，就是因为里面有科学的道理，而这个道理恰是具有验效而且能征服国人的。1920 年代著名的所谓科学和玄学论战，其实所谓的"玄学"未必没有一点道理，却被一边倒地批倒批臭，将之混同于扶箕、请神之类的迷信，科学主义在学界高奏胜利凯歌。其中，虽说梁启超先生鉴于一次大战之后，欧洲学界对西方文明的反思，思想有所回归，但科学主义的虔诚却依然没能因此而动摇。原因很简单，他毕竟是中国比较早震撼于西方先进科技成果，进而追求维新之人。

　　尽管在今天看来，科学主义并不那么令人信服，但就当时的情景而言，他们对西医的维护确有道理。在 1920 年代，虽然科学已经没有多少人敢出来说半个不字，但西医在中国还处在幼苗阶段，偌大的国家，四亿多人口，像样的西医满打满算也不足万人，系统受过教育的中国医生更是少得可怜。梁启超的手术事故的确是某个西医的错，但并不代表整个西医体系全错了，尽管这个错发生在中国顶尖的医院，也并不奇怪。中医治好了胡适西医治不好的病，也不代表整体上西医不如中医。现代的医疗卫生防疫体系，主要得依赖西医才能建立起来，这是不争的事实。尽管这两位大学者不会以个体案例否定全体，但这个国家的大多数人，却不可避免地有着这样的习惯，恰好这两个案例，又发生在这样两个酷爱科学、推崇西医的大名人头上，如果炒作出来，其影响所及，给西医造成的麻烦肯定是难以预料的。反过来，中医也一样会有失误和事故，甚至草菅人命的胡治，如果概率计算，中医出的问题肯定更多，翻一下过去的笔记，这种虎狼之医的记载还是很多的，如鲁迅先生那种个体体验，拿破鼓皮和墨水来治病的中医实在不乏其人。所以，单就一个方面的个体事件来说事，肯定是不够公平的。

不过，历史走到今天，中西医的位置已经倒过来了，显然是具有宝贵价值的中医已经处于奄奄一息的状态。如果今天的人们还跟当年的梁启超和胡适一样，恐怕这二人死后有知，也未必会赞同的。

马屁也不易

文人无行最招骂。其实，无行在某些情景下也是混事的一种方式，最抢眼的当属拍马屁。按说，马屁谁都会拍，用不着上专门学校进修的，但是，老粗拍马，一来拍不到地方，挠不到痒处，二来词汇不够丰富，语言未必训雅，所以历朝历代，马屁多半由文人包办。皇帝无论出身凤子龙孙，还是地痞流氓，只要屁股坐稳了龙椅，需要偃武修文就用得着文人了。

但是，在那些流氓兮兮，强横霸道浑的皇帝手下混事就不一样了，就算是拍马屁高手，有时也难。

唐朝过去是五代，五代第一个皇帝是梁朝的朱温。此人是五代第一个皇帝，也是中国第一流氓皇帝。打小做流氓的皇帝不止他一个，但是当了皇帝多少会装装样子，人家不，做了皇帝变本加厉。好色不奇怪，可是人家朱温好得霸道，见到的女人但凡有点儿姿色就不放过，不管这女人是谁，老少皆宜。到部下家里做客，上至祖母，下到孙女，一个不饶，连自家的儿媳妇都要轮流前来侍寝，儿子们也正好借此来争宠。他对于女人，基本原则就是韩信点兵——多多益善。朱温的另一特色是狠，凶残等级的狠。皇帝杀人不奇怪，可是人家朱温杀人常常没有任何理由，成千上万的人，一不高兴，说杀就杀了。唐朝最后一个皇帝早就是他手中玩物，身边只剩下两百个陪伴击球走马的孩子，这也不行，在一个晚上，将这些孩子全部勒死，抛在大坑里埋了。

在这样的流氓皇帝手下混事，武夫尚可，文人的日子可就不好过了。

有一日他和一群幕僚坐在一棵大柳树下歇息，顺口说了一句，这棵树可以做车轴。半晌没有人接荐，幕僚中有人显然是害怕主子生气，于是顺口说，是啊，是啊，可以做车轴。没想到朱温马上把脸一翻，厉声言道：人说书生喜欢顺口玩人，果然。车轴只能用枣木做，柳树怎么能行？然后对左右喝道：还等什么？于是武士们饿虎扑食，将刚才搭荐的文人扫数扑杀。

车轴须用硬杂木做，这是农村人都知道的道理，朱温小时候虽然不好好干活，满世界做"二流子"，但这点儿常识是懂的，但是这种农村生活的常识，他身边那些幕僚清客却未必知道，就算知道，主子说鸡蛋是树上结的，谁敢说不是呢？因此，就把马屁拍在了马腿上，文人真是没活路了。

在此之前，黄巢打进长安，文人墨客已经大为折损，"天街踏碎公卿骨"，里面就有朱温的尊脚。踏剩下的，像点样子、有几分文人骨气的，也都被他老人家一股脑儿捆吧捆吧扔进了黄河，一边扔还一边说，让你们自称清流，现在你们进浊流。扔剩下的，估计不是被吓破了胆，就是天生我材必有用的马屁精，顺口一拍，下场如斯。看来，碰到这样的主子，拍马屁也不易。

文人也是人，虽然分好坏优劣，但谁都要混饭吃，摊上喜怒无常，流氓透顶的主儿，有个刚直有气节的，士可杀不可辱，自己抹了脖子，当然省事。但是，更多的人没有这个勇气，就算自己有心一死，"奈小妾不肯何？"要活，而且活得好，怎么混？不要认为凡是能拍马屁的都混得好，关键看用人的主子，讲不讲理？这个理，不是真理的理，而是一种说话办事的正常逻辑。就是说，你说鸡蛋是树上结的，我说你说得不对，你认为我有理，不处罚我，属于讲理，大家三呼万岁。反过来，你说鸡蛋树上结的，我搭荐说，对，鸡蛋还有把呢。虽然都是胡说八道，但你这么说，我这么接，没事儿，皆大欢喜，也算你讲理。因为人家因此知道你是正常人，有正常人的逻辑，虽然费点事儿，总能找到一条应对之道。所以，即使坏到没心肝，文人也没有乐意在朱温这种流氓加武夫手下混的，因为实在太难了，纵使巧舌如神，媚态万方，谀词泉涌，神仙也有打盹儿的时候，一个不留神，脖子上吃饭的家伙就没了。

　　想到这里，我们就可以理解，为什么霸道的时代，暴政的年月，文人特别容易变坏。五代期间，朝代换了五茬姓氏，朝臣送往迎来，很少有人能出个像样的主意的，冒死进谏就更谈不上了。最好的文人兼朝臣，就是冯道，一生圆融，最善保命，为恶不多，为善也谈不上。说实话，那个环境，那个时代，能混到冯道这个样子，也就算知足常乐了。无怪乎，人家自称"长乐公"，能活下来就不易。

中国式的死撑现象

在中国，人要是出了名，算一号公众人物了，就不能犯错了，犯了错，大抵死撑。学界人物如此，政界人物如此，连商界人士，也是如此。学界大腕，被人发现抄袭，百分之百，抵死不认，硬一点儿的强辩，托人走后门打官司，软一点儿的装死，一言不发，总之一句话，不能认账，不能认错，道歉更是免谈。政界人物是不下罪己诏，就是认错，也是迫于体系压力，为了争取"宽大处理"。事情过去，再采访这些犯错的人物，照样没有几个认账的。死撑的风气，传染到向来称身段柔弱的商界人士上，可见死撑的文化，已经根深叶茂了。

前几日，号称打工皇帝的唐骏，被人揭发学历造假。且战且退，一路留下根本说不清的造假痕迹，最后退到美国西太平洋大学，拿出了带洋字码的文凭。没想到网上一查，这个学校基本上就是个卖文凭的野鸡大学。连带着，查出来一堆唐骏的中国校友，都是各界高人。其中一个唐骏的校友禹晋永，不知是感觉自己知名度不够高，还是校友情分太重，挺身而出，来挺唐骏。结果挺到今天，学历依旧野鸡，自己身上却被人肉出来好些问题。虽然禹晋永高调宣称要打官司，把告他的人都送进局子里，但可以想到，这事没那么容易，能把自己抖落干净，已经万幸了。

说起来，自古以来，商界都不怎么讲究学历。像张謇那样，有状元头衔的，真正做起生意来，人家也不见得因为这个状元，就给你多少便宜。张謇的时代，有学历的士大夫下海经商的，不止他一个，但做到风生水起，还是

241

因为老人家经营有道。

改革以来中国新一代企业家，好多都是从农民干起来的，不仅没有学历，有些连字都认得不多。好些老板赖以自豪的往往是，虽然我只有小学文化，但却有一堆北大清华的研究生为我干事。但是，这些年来，商界人士不知怎么一来，开始讲究学历了（这也许跟在大学买文凭比较容易了有关），是个人物，就花大钱到北大清华弄个EMBA头衔，还有些人嫌土文凭不过瘾，非要弄个洋的，所以，西太平洋大学发了财。

从本质上讲，跟政界人士弄假文凭骗官，学界人士骗教职不一样，商界人士的假文凭，即使来头特大，真正做交易的时候，也没有多少傻瓜会买这个文凭的账，无论你是真的还是假的。唐骏这样的人，有若干假的和野鸡的博士头衔，也许在出书、到大学演讲时，可以蒙蒙涉世未深的学生。剩下的事，就是自我陶醉了。不幸被人揭发，第一时间最好，不行第二时间也可以，站出来道个歉，自嘲一句:我其实就是好点虚荣。估计网上网下，也就偃旗息鼓了，断不会有那么多兴致特高的人追杀不已。

然而，他们也在死撑。不仅唐骏死撑，还有校友出来帮忙死撑。越撑漏洞越多，漏洞越多越要撑。撑到今天，已经从悲剧撑到笑剧了。

君不见，微博上只要禹晋永一说话，大家就一阵大笑，夹带一段段的笑骂。无论网上网下揭露的他那些商业欺诈行为是真是假，一个商界成功人士，如此快地沦为小丑。我想，这个结局，恐怕是当初他们所没有料到的吧?

一度，我们的学者曾经认为，日本是耻感文化，我们是乐感文化。耻感文化的特色，就是人不乐意认错。大家不认为犯错是耻辱，犯了错，认账才是耻辱。然而,我们其实也变成了耻感文化,大家都勇于犯错,而耻于认错。凡是感觉自己是个人物的，更是如此。自我感觉，一旦认错天都塌下来了。从另一个角度讲，这些人也许自己还挺冤的，眼下作假者滔滔，大家都假，为何单揪住我不放? 其实，兴许我们的乐感文化变成耻感文化，转变的枢机，就是愈演愈烈的造假之风——当人们已经习惯了假的时候，被抓住的作假者，自然选择，就是用一系列新的假，来掩饰过去的假，怎么也要死撑，撑住了，网上再热，又能热多久？多少年之后，又是一条好汉。最难过的时候，网上的最大本事，也无非是笑骂，理论上，无论政界、学界、商界人士，都有可能滑过去。滑过去，就连重新做人都不需要，把脸一抹，我还是我，牛人一个。

章太炎的政治疯病

章太炎现在的名头是国学大师，但是在清末民初，他名声最大的那些年，他是革命家、政治家。只是他这个政治家却是从故纸堆里硬爬出来做的，赶寸了有声有色，赶不到点上就一塌糊涂。他的学生说过，老师是学者，谈起学问，昏昏欲睡，谈起政治却眉飞色舞。只是眉飞色舞之际，往往带着任性，有时候任得让同志啼笑皆非，有的时候令敌手啼笑皆非。

章太炎是同盟会早期的骨干，在东京办民报的时候，很是打了一些大仗，若没有他一支骂人骂得酣畅淋漓的笔，革命党人的声势早就被梁启超们压下去了。然而很快，章太炎就跟孙中山闹翻了，不是同志之间的那种争吵，而是公开的翻脸。在民国的最初岁月里，政党分分合合，章太炎虽然都是热心分子，但却一直站在先是同盟会，后为国民党的对立面。他厌恶孙中山，对黄兴不感兴趣，甚至跟原来光复会的同志也貌合神离，倒是对那个被造反的新军士兵从床底下拖出来的黎元洪有着绝大的热情，连续弦找老婆也非湖北人不娶。所以，在袁世凯压迫国民党的时候，章太炎和他身属的共和党如果不是帮凶的话，也是袖手旁观的。可是，当袁世凯如愿地当上了正式大总统，不再需要国会这个选举机器了之后，借追缴国民党议员的证书，实际上把个国会废了（不够半数，无法开会）。到这时，醉心于议会政治的梁启超和章太炎等人才如梦方醒，但是木已成舟，悔之莫及。

不过，章太炎不是梁启超，不可能这么轻易地善罢甘休。他要"为中夏留一线光明"，"挽此危局"（章给弟子和夫人的信）。于是新婚不久

244

的他毅然离开了自己的温柔乡，北上北京找袁世凯算账来了（时1913年12月）。于是出现了他的学生鲁迅描绘的一幕：以大勋章为扇坠，大闹总统府。这是根据当时的《申报》（1914年1月14日）记载，章太炎手持团扇一柄，下系勋章，足踏破官靴，大嚷着要见总统，承宣官（传达员）挡驾，则"疯言疯语，大闹不休"。另据官方记载，章太炎则不仅骂了人，还砸了家具什物。

章太炎这样使性子，袁世凯在难堪之余不肯再难堪，于是对外宣称，章太炎疯了，被京城的宪兵头子陆建章手下带走，治病去也。实际上是被软禁，开始了长达两年多的囚禁生活。

章太炎之囚，钱倒是随便用，章夫人汤国梨也说，章太炎在被囚期间，每月的费用是500元（当时一个警察每月薪水4元左右，大学里最牛的教授，每月不过400元）。这一段，肯定是他一生中最阔气的时光。

尽管待遇优厚，但囚禁毕竟是囚禁，这既是对章疯子闹事的一种惩罚，更是袁世凯对未来可能性的"不安定因素"的一种防范。当然，章太炎不可能痛快地就范，他必然要接着闹事。在当时的条件下，写文字不行，叫骂袁世凯也听不到，于是只好拿看押的警察开涮。章太炎是个穷书生，一辈子没钱，生活极其简朴，可是他在软禁期间，居然一口气雇了十几个厨子和仆人（他当然知道这些仆人都是警察改扮的）。而且，大摆其老爷的谱，强迫这些人称呼他为"大人"，他的客人来了，要称呼为老爷，见面要垂手低头，每逢初一十五还要向他磕头，犯了错，还要罚跪罚钱。为了将这种羞辱落实到位，他甚至强迫这些仆人（警察密探）照这些条件跟他具结，签字画押，害得我们的警察老爷个个像是签了卖身契。

涮警察密探，解气虽是解气，但毕竟伤不到袁世凯，甚至连陆建章、朱启钤也碰不着，被关着做大人老爷，虽然耳边听取奉承一片，时间长了也一样气闷，所以章太炎又开始绝食。不过，章太炎虽然又疯又偏，但此时的绝食似乎却并非真的以死抗争。无非是借此闹出点动静，制造一些不利于袁世凯的舆论，让这个奸雄难堪。因此，章太炎的绝食时断时续，一年多下来也没有死掉，且不绝食，吃饭的时候还坚持用银餐具，说是防止袁世凯下毒。

我们知道，章太炎之囚，一直到袁世凯称帝失败、自己翘了辫子才告结束。这期间，虽然袁世凯少了若干公开骂街的聒噪（一个梁启超已经够受用的了），但章太炎也因此而洗白了自己。民初上当的经历不再有人提了，自家的形象复归到昔日的光辉，他的学生在总结他的历史的时候，这段经历已经带点儿传奇色彩了。

图书在版编目（CIP）数据

张鸣说历史：大国的虚与实 / 张鸣著. -- 北京：
群言出版社，2015.11
ISBN 978-7-80256-867-9

Ⅰ. ①张… Ⅱ. ①张… Ⅲ. ①中国历史－通俗读物
Ⅳ. ①K209

中国版本图书馆CIP数据核字(2015)第198615号

责任编辑：朱前前
装帧设计：郑金将

出版发行：群言出版社
地　　址：北京市东城区东厂胡同北巷1号(100006)
网　　址：www.qypublish.com
自营网店：http://qycbs.shop.kongfz.com（孔夫子旧书网）
　　　　　http://www.qypublish.com（群言出版社官网）
电子信箱：qunyancbs@126.com
联系电话：010-65267783 65263836
经　　销：全国新华书店
法律顾问：北京市君泰律师事务所

印　　刷：北京慧美印刷有限公司
版　　次：2015年11月第1版　2015年11月第1次印刷
开　　本：787mm×1092mm　　　1/16
印　　张：16
字　　数：213千字
书　　号：ISBN 978-7-80256-867-9
定　　价：36.80元